项目管控
完美掌控成本和进度

[美] 兰德尔·威尔逊 著　郗悦 译
Randal Wilson

中国人民大学出版社
·北 京·

进度和项目成本

大多数组织成立的目的是生产物品或提供服务。一个组织成功的关键在于资源管理以及组织的创始人如何通过运营来实现其战略目标。大多数组织都需要资源来提高日常运营的能力，但有时候也需要一些特殊的资源来完成某些任务。这些任务并不属于组织的日常运营，但需要组织内部的资源。这些类型的特殊任务称为项目。组织合理、管理良好的项目有利于组织在日常运营中不断进步。

不同类型和规模的组织中的项目各有不同。有的组织可能只在特殊情况下有零散的几个项目，而有的组织可能会将项目融入其业务结构中，将项目作为日常运营的主要任务。无论项目在组织中扮演什么角色，都需要人力、设备和材料、设施和财务等多种资源。当特殊项目需要这些类型的资源时，要特别注意，大多数资源都被用于日常运营任务；如果将它们用于特殊项目，则必须对它们进行合理分配，确保不会影响日常运营或是产生冲突。组织内使用的大多数资源都有与其使用方式相关的成本。另外，如何为特殊项目分配资源也是项目经理需要考虑的问题之一。

组织通常可以从特殊项目中受益，但资源的结构、组织和利用不仅是关系到项目成功的重要因素，而且是将组织和日常运营受到的影响最小化的重要因素。在授权特殊项目之前，组织内的管理层需要知道项目将花费多少成本，需要多少组织资源，组织预期可交付的成果或利益，以及项目需要多长时间才能完成。通常来说，更容易确定项目可交付成果对组织产生的积极影响，而很难确定项目的成本、工期以及完成项目所需的资源数量和类型。此时，可以利用项目管理工具和技术来预测成本和进度要求。

项目平衡

当组织启动一个特殊项目时，通常第一步是确定项目目标，因为项目目标与预期可交付成果密切相关。一般来说，项目的初始利益相关者（包括运营经理和其他对项目可交付成果给运营带来的好处感兴趣的员工）会很快确定一个目标。但项目获得批准后，问题就出现了。比如：如何定义实现项目可交付成果的过程？项目将关联哪些成本？项目需要哪些资源？除了日常任务之外，如何为特殊项目安排这些资源？要解决这些问题，必须对项目进行结构化和管理，在利用组织日常运营资源和完成项目工作活动所需的任务之间保持平衡。

这里所说的资源可以是项目所需的人力资源，也可以是包括财务要求在内的任何其他资源。因此，非常有必要给资源下个定义，说明如何合理平衡日常运营任务和特殊项目任务中的资源使用。运营经理会面临一个不小的难题：他们的任务是确保公司的日常运营，同时还要完成特殊项目，因此要为了两者兼顾而努力平衡人力资源和其他资源。出现这一难题的部分原因在于，部门经理对日常运营太过执着，并且错误地为确保运营不受影响而限制特殊项目的资源使用。另一部分原因可能是部门经理缺乏为部门任务和项目任务分配资源的经验。离开运营部门的项目经理不会两者兼顾，他们可能更忠于完成项目任务，会与部门经理协商调度项目任务的资源。如果只是缺乏内部资源，项目经理还可以请求利用组织外的资源来完成项目活动。

组织中特殊项目面临的另一个难题是计算项目活动相关的所有成本，并为特殊项目制定总体预算。一般来说，如果不考虑活动的细节就制定总体预算，只关注更"宏观"的成本，就会出现项目成本核算的错误。虽然可以这样从"宏观"上进行成本预算，但很容易出现项目超出预算并难以控制项目成本的情况。如果只根据整体活动来确定项目成本，随着项目逐渐展开，当一些特定任务出现对尚未考虑在内的资源、材料和设备的要求时，就会增加成本。这就为整体的成本控制带来了难题。项目经理一般会花更多的时间、采用更多的技术来仔细了解活动，以计算所有相关成本，从而制定更准确的工作活动成本和项目预算。

没有项目管理能力的组织最终会在定义项目成本、调度资源和控制项目工作活动方面产生很大的问题。除了正确计算成本和安排项目外，关键要素还有控制成本以及对活动和资源的安排，以确保项目能够在预算内和预计的工期内完成目标。

什么是控制

组织可以在部门经理的指导下开发和管理项目，唯一目的是要为该部门完成一个独特的目标。项目开发需要组织中的大量资源。部门的职能经理或者项目经理都可以管理项目。这些项目都会经历相似的项目生命周期阶段。无论组织的结构类型和规模如何，项目都有不变的共同要素：成本和进度。项目需要监督和调整，以保证在预算内按时完成。这就是我们所说的项目控制。

报告和管理

经理有责任监督项目活动，确保项目完成。经理对责任的认识决定了他们对项目的控制程度：完全掌控还是简单监督。项目经理有两项主要工作：（1）监督和报告活动；（2）分配、监督和控制活动。简单地报告项目活动并不是控制。报告只是对正在发生的事情的观察和状态反馈。而项目管理中的控制被定义为在活动过程中使用测量和调整的手段，以解决影响活动的成本、进度、质量或风险要素的不必要变更。

经理在控制中的作用

项目经理需要有掌握和控制项目活动的能力。这需要项目经理的积极参与，不仅要根据预计成本和进度监督活动，还得时刻准备调整，以便在出现问题时使活动与预算和进度保持一致。职能经理或项目经理只要了解针对项目活动设计的控制方法，就可以实现对项目的控制。项目控制是管理者对项目活动进行监督时最重要的任务之一。可能有人会说，任何人都可以观察项目活动并报告状态，但实际的项目管理需要控制，因此主动调整活动可以改善成本或进度。项目经理不仅可以利用工具和技术来监督项目，还可以控制项目活动，但组织内的其他因素和影响可能阻碍项目的成功。项目经理和／或职能经理必须意识到组织特有的影响，这种影响可能会对组织内运营的特殊项目施加限制、约束甚至导致冲突。

组织影响

项目对组织的成功意义重大。仅是项目结构的开发和管理并不会导致组织内部分工的割裂，事实上，项目会受到其他内部和外部因素的制约，这可能会影响目标的完成。项目是组织的工作重点，为组织完成特殊目标提供了控制活动的能力。组织通常已有负责日常运营的部门，其中负责盈利的部门称为利润中心。运营相关的其他部门支持利润中心的工作，如管理部门、会计部门和人力资源部门。因为特殊项目主要从利润中心内部利用整个组织的资源，所以项目也可以通过与其他部门产生联系来实现其战略目标。这些部门很重要，它们可能对项目的成功产生或积极或消极的影响；因此，项目经理应将这些影响考虑在内。组织中有三个主要因素可能对项目的结构、计划、预算和控制方式产生重大影响，它们分别是：组织领导力、组织文化和组织结构。

组织领导力

大多数组织都有一个统一的规则，即一切命令都自上而下发出。这一规则也适用于项目管理。无论是感觉上还是事实上，该规则对组织的影响都与组织和高级职员的总体成熟度以及项目负责人的特定管理风格有关。如果执行人员不了解项目的重要性和优势，他们就不会一直支持经理的工作和管理方法。这一点可能会以形式、行为、态度和行为等多种方式表现出来，例如：

- 关键位置的经理人选选择不力；
- 批准还是不批准某些项目和活动；
- 不必要的时间表或给项目活动带来过度压力的预算限制；
- 对关键活动最新信息的错误认识和忽视；
- 与项目经理产生个人冲突；
- 隐藏议程导致矛盾或混乱的决策。

执行管理层的做法和态度非常重要。他们必须清楚，如果领导层风评很差，又毫无专业素养和与同级及跨级间的合作能力，组织会大大受到影响。他们也要知道，他们的一举一动不仅可以被报告人员了解，而且已经展现在组织之中；他们的领导力代表着组织内部文化的很大部分。

组织文化

讨论组织文化时，人们可以从不同角度评估、标记和／或模式化组织中的文化。文化给人的印象不仅是构成组织自身的 DNA，还是组织的管理风格和个性。有趣的是，组织可以在许多方面名声在外，或因其个性和经营方式而在业内广为人知。组织的部分个性和管理风格源于组织创始人或当前高层的直接影响，而组织个性的其他特征可能是组织如何根据市场需求和客户关系开展业务的结果。因为这是对业务运营的高层次且基础广泛的理解或解释，因此在部门和项目的层次中也可以找到相同的 DNA。

项目经理要根据管理风格来理解组织的 DNA 或个性，保证其与组织开展内外业务的方式一致。这有利于项目经理的管理风格与组织的总体文化相统一，使项目可以更轻松地得到高层的批准。DNA 在生物学上是由众多元素组成的复杂链，而组织在一定程度上也是这样，因为它由最终定义其个性和文化的多个部分组成，比如：

- 业务类型和市场地位；

- 高管的经验、个性和管理风格；

- 等级命令结构；

- 客户和供应商关系的成熟度；

- 高级别的投资策略和风险承受能力；

- 高管对其他同事的看法；

- 客户服务的组织方法；

- 组织内总体工作条件和环境。

项目经理可以通过理解组织的 DNA 和个性来了解自己在组织中的角色，同时也可以认识到具有与组织文化相符的管理风格多么重要。这也让不同经理之间的管理风格更加一致。项目经理还可以通过更好地了解员工的心态和可能的看法，来塑造管理风格和处理人际关系。组织 DNA 的一个构成要素就存在于组织的类型以及根据开展业务的类型对组织进行功能构造的方式之中。管理结构类型对界定组织如何开展业务、与客户的关系以及项目经理的角色起着重要作用。

组织结构

组织结构是内外业务开展方式的基础，在日常运营的执行方式以及如何规划项目方面发挥着重要作用。有的组织的项目完成度非常低，只能完成一些较小的任务；有的则充分利用项目和组织中的主要业务，重点推行大项目。根据组织在日常运营中利用项目的方式，组织有以下三种基本结构：职能式、项目式和矩阵式。

职能式组织采用建立管理等级的经典结构，将组织划分为传统的职能部门。这些部门包括会计部、人力资源部、采购部、工程部、制造部、质量控制部、库存部和仓储部，以及运输和收货部。这种结构的总体思路是，每个部门都有一个明确的目标、清晰的管理链条和一位负责监督该部门工作活动的经理。每个部门的经理都会向负责多个部门的高层管理人员汇报工作，这种管理链条会一直延伸到结构中的最高管理级别。组织发现这种结构在一般运营中还算成功，它在效率、责任划分、资源管理、项目管理和项目经理的角色方面具有固有优势和劣势。

职能式组织的主要优势是每个部门都作为独立单位进行活动，很少或几乎不需要其他部门的直接参与即可实现目标。为了最大限度地提高工作活动的效率，每个部门的实力都建立在成员的集体智慧和经验以及所开发的流程上，以实现其目标。同样，每个部门内开发的项目仅由该部门的成员完成，并由该部门经理监督，这样效率最高。

这种结构的劣势在于组织选择的监督项目的职能经理。这个职能经理可能并没有项目结构、成本、进度、资源管理和控制方面的经验，因此可能会造成一定损失。如果在这种结构中让项目经理担任职能经理，那他几乎没什么权力，更像是一个活动联络员。

项目式组织的结构与职能式组织完全不同。如前所述，职能式组织将员工划分为组，组内有来自多个传统部门的代表，承担独特的项目目标。而在项目式组织结构中，只有项目组，很少或几乎没有职能部门。这种结构也高度重视项目目标。因此，项目式组织派项目经理来组织和监督项目。项目经理具有很大的权力，可以监督所有的资源、预算和进度，并对项目目标负责。

大多数项目式组织最初都是根据其业务的战略目标组建的。项目组织的一大优势是这些目标建立在小组活动的基础之上，可以产出独特的交付品。另一大优势是业务策略的灵活性。这种结构强调项目结果的规模，可以根据市场需求的变化快速作出回应。无论市场环境是否稳定，组织都可以游刃有余地开展工作。

根据项目式组织的管理要求，项目需要从各个部门长期调用或从外部承包不同类型的资源。与专为在单个部门内实现目标而设计的特定项目不同，现在的项目是整个组织的目标，并且可能仅需要几个部门如行政和工程部门的协助。由于组织是根据项目构建的，因此要根据项目特定活动的技能要求为员工分配任务。任务完成后再将他们重新分配到另一个项目。在这种类型的组织中，员工会在不同的项目之间流动。

矩阵式组织吸取了前两种结构在实现组织目标方面的优势，是职能式结构和项目式结构的结合体。矩阵式组织通常会将常规生产的交付成果及独特规划的项目结合在一起，可以在保证职能式部门经理管理传统部门产出的同时，兼顾使组织在特殊项目中使用这些相同的资源。职能经理仍有权管理部门，但是项目经理可以在管理多个项目中监督多个部门的资源方面享有同等权限。

矩阵式组织具有职能式组织的部门结构优势和稳定性。矩阵式组织还可以在项目中使用部门的关键资源，从而灵活地根据不断变化的市场状况生产可交付成果。这一功能为高级管理层提供了评估市场状况的机会，并可以创建稳定且可预测的产品交付环境和快速响应的项目环境，在市场上取得成功。

进度和成本控制的解决方案

从结果来看，项目是为完成目标而设定的一系列特定任务的组织资源利用。大多数组织都有管理人员，他们非常善于利用资源来完成运营中的特定任务，但项目管理的诀窍不仅在于明确识别所有必需的资源、正确地安排工作活动和准确地估计所有特定工作活动要求的成本，还包括设计和启动进度、成本和质量控制。由于职能经理要完成一些与项目相关的任务，他们的职责就不是直接指导部门的日常工作了。正如我们所看到的，如果一个项目是某特定部门特有的，那职能经理实际上是执行该特定项目的最佳人选，因为范围管理将与所在部门无关。如果项目需要来自多个部门的资源，或是项目需要组织内多个重要部门的协作，那项目经理通常要知识渊博、经验丰富，以准确地开发和实施项目。

项目经理必须了解一些工具和技术才能正确开发项目。这些工具和技术有助于正确、准确地收集和评估项目信息，以制订全面的项目管理计划。项目要想成功，以下要素缺一不可：记录完备的项目工作活动要求、准确的资源和工作活动进度安排，以及对所有特定活动要求的准确成本估算（以制定项目预算）。项目管理的成功因素之一就是对工作活动要求和进度安排中细节的关注。

成功开发和控制项目的目标是理解如何最详细地开展工作活动来准确评估成本和资源需求，以及实施哪些类型的控制措施可以确保工作活动如期进行并在预算范围内。在大多数情况下，项目经理和项目人员在进度时间和工作活动成本方面的估算越准确，项目按计划进行并在预算范围内的概率就越大。因为在进度和成本估算、组织过程方面通常会存在一定的偏差，还会有风险或不确定性因素的影响，所以项目经理还需要利用某种控制手段来应对项目生命周期中的异常情况。

项目的成功最终取决于项目经理对项目开发工具和技术的掌握程度。本书是项目开发中常用的项目管理工具和技术的全面汇编，特别是在进度、成本估算和项目控制方面有详细论述。这些工具很简单，易于在项目的开发、实施和控制中使用。所有负责项目开发和监督的人员都应掌握有效、准确地记录和控制项目的工具，以确保按计划和预算完成项目目标。

第 1 部分　项目开发

第 3 部分　项目成本分析

第 4 部分　项目监管和控制

项目开发

各种类型的组织都发现有必要努力生产与众不同的可交付成果。这项任务称为项目管理，它要求在资源管理中收集和组织信息工作活动以完成项目。当组织确定存在需要后，开发项目的启动过程始于在信息收集过程中确定利益相关方，以决定组织是否应正式参与其中。

本书的第1部分详细介绍了批准项目并开始初始计划阶段所需的启动过程。无论规模大小，组织都应认真对待所有潜在项目及项目范围所需的管理水平。如第1部分所述，大多数项目都遵循类似的过程。那些负责决定是否应该启动一个项目的决策者必须了解该项目的范围。组织必须遵循评估潜在项目的过程，确保为决策过程收集和分析关键信息，这一点很重要。同样重要的是，组织应遵循一致的流程来制定潜在项目的决策，并由已确定的适当的利益相关者代表组织作出这些决策。

项目经理的最终目标是制订一个总体项目管理计划。项目经理在项目生命周期中主要完成四项任务：

- 制订项目活动的总体进度表；
- 制定初步项目预算；
- 监督并报告项目活动的状态；
- 使用一些控制手段确保项目活动按计划和预算进行。

第 1 章

基本项目结构

组织是出于某种目的而形成的，主要目的是开发和生产产品或提供服务。由于这两种类型的组织都会发生产品和服务成本，因此组织必须控制成本以确保盈利。成本和进度的估算和控制方法在很大程度上取决于组织的结构以及项目经理在组织中可能发挥的作用。

建构组织时必须考虑能够计算、分析、控制和维持所有部门的成本。结构是成本控制的第一级，因为它将组织划分为几个成本中心，并帮助定义这些成本中心的工作内容、所需规模以及它们在组织中的服务目的。几十年来，组织结构已经很普遍；有证据显示，如果组织以正确的方式建构，它在监控和控制成本方面就会做得更好。这听起来可能像商业 101，但运作项目就像经营企业一样，结构良好和组织有序的项目更容易控制。

项目经理应该参与项目的构建，比如将组织划分为不同的组，并把每个组进一步分为更小的单元，直到可以识别和测量所有的成本。当项目被分类并分解为更小的单元时，更容易识别、分析和控制任务进度，并进行成本估算。许多组织将工作分为项目或计划，根据产出或可交付成果将项目成本分组。组织可以监控其成本中心，并根据各种成功项目或计划的经验制订战略规划。项目经理可以监控项目的成本和资源调度，并根据实际调整战略。因此，项目经理需要制订所有需要完成的活动计划，包括满足生产交付成果所需的所有成本估算和资源调度的要求。要制订计划，作出准确的成本估算、进度安排和控制设计，经理必须确保他了解项目（project）、项目群（program）和项目组合（portfolio）管理的一些基本原理。

项目、项目群和项目组合

为了解释项目、项目群和项目组合是什么以及如何使用它们，我们必须退一步，回顾组织结构的一些基本概念。随着组织规模的扩大和复杂性的增加，需要将组织分解为不同的功能区域，以更好地定义和控制每个区域的工作活动。这有助于管理执行中的工作、控制成本支出，以及承担对每个领域所需的可交付成果的责任。大多数组织的工作分为两类：生产产品或提供服务的工作和支持组织的工作。

生产与支持

了解支持组织的部门与生产产品或提供服务的部门之间的区别非常重要，因为这种区别通常定义了支持中心与利润中心，有助于明确是否使用项目或计划。比如，组织内的会计部门或人力资源部门属于支持中心。这些部门不一定为公司创造利润，但它们支持组织内其他部门的工作。这些工作通常被视为日常职能，会重复或持续进行。组织可能有多个支持部门，比如仓储运输和接收、质量控制、制造、工程、行政和执行。

利润中心是组织中负责生产产品或提供服务的部门，目的是通过出售为组织创造利润。一些组织只重复提供相同的产品或服务，且不具有不可替代性，一些组织会提供更具定制性和独特性的产品或服务，并且可能不会为同一客户提供两次相同的服务。

例如，定制住宅的建筑公司就是提供不可替代的服务或产品的组织。公司会为客户的每个房屋都进行单独设计和建造。这种工作模式相对固定，但每次生产的产品都是唯一的。

其他组织可能会在装配线上大量重复生产相同的产品。在这种情况下，产品的质量取决于重复生产的能力。

商业的基本规则是，无论是唯一定制的，还是在生产线上多次生产并以目标利润率出售的产品和服务，都具有关联成本。因为可能会根据市场情况而改变产品或服务的销售价格，所以必须维持和 /

或降低产品或服务的成本来保证利润率。了解唯一产品与装配线产品之间的区别有助于理解项目、项目群和项目组合的基本原理，以及如何将其用于开发产品、维持成本以及安排资源。

项目管理结构

项目、项目群和项目组合是组织内使用已久的通用术语，但经常被误解或错误使用。项目经理必须了解这些术语背后的基本原理，来确定如何估算成本和进度，以及控制项目或项目群。项目、项目群和项目组合这三个术语描述了执行活动所需的管理结构类型：

项目——专为实现单个目标而设计的独特工作。项目具有明确的开始和结束日期。

项目群——相关项目的分组。项目群可以是开放的，在项目群的整个生命周期内都可以增加或减少相关项目。项目群有确定的开始日期，但不一定有确定的结束日期。

项目组合——相关或不相关的项目群、项目或单个工作活动的分组。同样，项目组合有确定的开始日期，但不一定有确定的结束日期。

根据上述定义，我们可以得出结论，管理结构的三个基本级别旨在对组织内的活动进行分类，区分优先级和分组，从而实现战略目标。图 1-1 和表 1-1 说明了组织中项目、项目群和项目组合的结构。

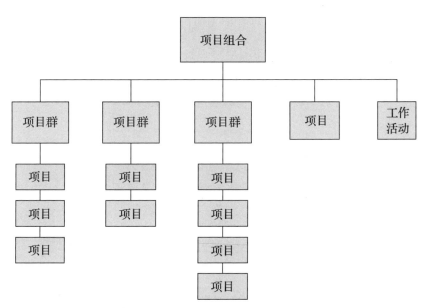

图 1-1 项目、项目群和项目组合

表 1-1 项目、项目群和项目组合管理结构

项目、项目群和项目组合管理			
	项目	项目群	项目组合
结构	单一项目	多个关联项目	相关或不相关的项目、项目群或工作活动的集合
客户	单一客户	单一客户，多个交付成果	单一或多个客户，多个交付成果
目标	特定交付成果	单一目标的多个交付成果	系列目标的多个项目和项目群
管理	项目经理，特定项目人员	项目群经理，监督项目的经理，多名工作人员	项目组合主管，监督多个项目群和项目的经理

现在，项目经理必须了解何时以及如何使用组合中的项目和项目群来实现组织的战略目标。首先，我们要研究组织本身以及组织要完成的产品或服务类型。之前提到，有些组织产出了很多独一无

二的产品，我们现在可以将其称为项目，而其他组织则在不断生产可称为项目群的产品。这里有必要详细解释这两者：

- 项目是独特的，具有明确的开始日期和结束日期，只有一个目标。
- 项目群的独特性较弱，有明确的开始日期，但不一定有明确的结束日期，除非组织不再需要该产品或服务。

组织内部也可以更细致的、非正式的方式使用项目。例如，文档的创建、部门流动或建立新设施这样的新流程或组织内的一次性活动。组织还可以使用项目来创建其需要的更专业的项目，如研发、新产品介绍或解决问题的会议。

对于项目经理来说，重要的是不仅要理解项目、项目群和项目组合这三个术语之间的区别，而且要了解何时使用这些结构，以及这些类型的结构在成本和项目群资源上存在哪些差异。本书没有详细介绍如何构建这些结构，也没有提供与项目管理相关的所有细节，而是更具体地讲述了如何针对这些类型的结构进行成本估算、资源调度以及预算和进度控制。这些类型的结构的另一个主要区别在于所采用的高水平方法以及如何在组织内管理这些结构。

项目管理与项目群和项目组合管理

组织要根据业务类型和利益确定如何利用项目、项目群和项目组合。大多数组织是根据目标要求来组织其运营的。尽管根据活动类型将组织划分为不同部门很常见，但还是利润中心最有可能使用项目、项目群和项目组合来管理生产产品和提供服务的活动。以下是对如何管理这些结构的界定：

项目管理——利用技能、知识和经验来有效地管理资源以完成实现项目目标所需的工作活动。

项目群管理——利用技能、知识和经验有效地管理在已确定项目群内完成多个项目目标所需的项目经理、人员和资源。

项目组合管理——利用技能、知识和管理经验来有效地监督总体项目组合目标所需的项目目标、项目群目标，以及项目和工作活动的完成情况。

与组织需求的联系

组织可以更独立地使用项目，因为项目是为特定目的而设计的，具有明确的开始和结束日期的一次性功能。这样说并不是在贬低项目的功能、目的或重要性，而是因为项目的持续时间可能很长，结构可能非常复杂，并且会发生一些我们没有预料到的情况；事实就是项目是一次性的，并且只有一种目的。项目完成后，组织很少重启该项目。

组织会持续利用项目群和项目组合，它们是项目和组织活动分组的结果。项目群与项目组合之间的主要区别在于，项目群具有单一目标，项目群内的项目和活动共享这个目标。而项目组合通常要比项目群更高一级，因为组合可以包含多个项目、项目群和组织活动，而它们可能与该组合的目的没什么关系。

项目管理

管理项目需要经理使用用于特定任务的特定资源来构建项目，并估算和控制特定任务的成本，以确保项目按项目群进度进行并在目标预算内完成。因此，项目规划必须非常细致，每个任务的管理都非常重要。尽管项目经理不一定会积极参与构建项目或成本估算，但要负责以下工作：

- 监督每项任务的完成；
- 评估潜在风险并参与控制活动，把成本和支出控制在预算内，并按进度完成；
- 管理资源调度以完成指定的活动。

大多数组织都喜欢能够统揽全局的经理，但是项目经理通常只专注于单个项目，关注能否完成任务、实现目标。图1-2说明了在完成目标时要管理的特定工作活动的基本项目结构。

项目群管理

项目群的性质不太明确，组织更多将其视为针对更广泛目标的项目和活动的持续集合。项目群可以是一组全部交付给一个特定客户

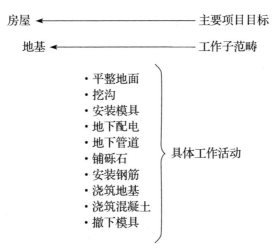

房屋 ◄────────────── 主要项目目标

地基 ◄────────────── 工作子范畴

・平整地面
・挖沟
・安装模具
・地下配电
・地下管道
・铺砾石
・安装钢筋
・浇筑地基
・浇筑混凝土
・撤下模具

具体工作活动

图 1-2　项目中的具体工作活动

（与客户相关）的项目，也可以是性质相近的一组项目，如可能出售给不同客户的特定产品（物品或服务类型）。因为项目群一般具有较长的工期，所以会让其中已完成的项目和活动退出项目群，添加新的相关项目和活动来实现目标。由于经理被分配到项目群中的每个单独项目，因此项目群的具体管理程度较低，更多集中在整体的成功上。项目群经理通常负责以下工作：

● 选择支持项目群目标的项目和活动；

● 管理项目经理；

● 监督项目群内所有项目和活动所需的资源和资金；

● 确保项目群的目标可以完成。

图 1-3 说明了如何使用相关项目和工作活动来组织项目群。

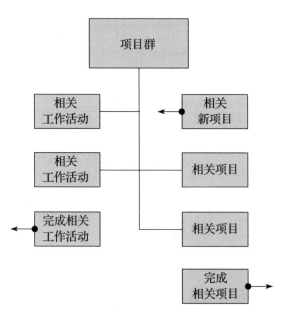

图1-3 进行中的项目群与相关项目和工作活动

项目群经理需要参与项目群进度制定、确定起止日期，因为这项任务对内部的资源和资金管理以及外部的客户期望管理都很重要。这些中层管理人员会发现，仅仅了解项目概况是不够的，更重要的是积极参与。这可能包括直接的客户参与以及组织高层承担起责任。

项目组合管理

项目组合管理与项目群管理相似，只是项目组合管理的级别更高，可以包括项目群、单个项目以及组织内执行的活动。一些组织将项目组合看作组织内的部门，一些组织视其为更高级的项目群管理。项目组合管理与项目群管理的区别在于，项目组合中可以包含

不相关的项目群和项目，因此可能不会共享资源或客户需求。项目
组合管理的要求有：

- 评估哪些项目群和项目应属于项目组合；

- 控制项目组合中项目和活动的起止时间；

- 确定项目群、项目和活动的关键资源和资金需求，支持项目
  组合的总体目标；

- 确保项目组合目标可以完成。

根据组织规模不同，项目组合经理可以是组织内的中层、上层
或执行层。图 1-4 说明了几个不相关的项目、项目群和工作活动
在项目组合结构中的情况。

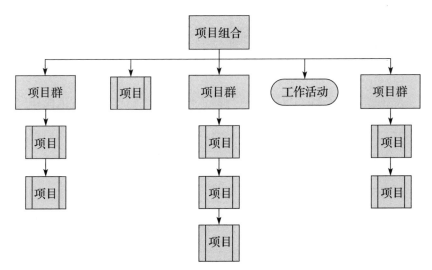

图 1-4　项目组合与相关 / 不相关项目和工作活动

这三个层级的经理都至关重要。只有他们认真对待工作，组织

才能健康有效地运转起来。项目经理的参与范围更加具体，不仅要专注于项目的完成，还要保证进度和预算。项目群和项目组合经理很难面面俱到地对每个项目和活动仔细把关，所以项目经理在组织内起着非常重要的作用。

同样，项目群经理监管着项目群中的所有活动，所以组织十分有必要将项目和活动进行分组。在这个级别上，项目群经理仅负责单个项目群的目标，而不是特定项目的目标或整个部门、项目组合级别的目标。项目群经理和项目组合经理均负责各自项目群或项目组合中多个项目和活动所需的资源和资金，但也要确保其项目群或项目组合中的活动符合整体目标。成功的组织使用这些管理方式来构建结构和组织、明确重点，从而更好地实现目标。

项目生命周期

尽管项目是按一定顺序执行的工作活动的汇总，这些工作在完成后，就会实现项目目标，但是项目也会经历过渡状态，我们称之为"阶段"，阶段可以体现出每个阶段所执行工作的一般性质。这些阶段不应与项目管理过程相混淆，后者由在整个项目中执行的活动组成，而前者是对在特定时间范围内要完成的工作进行的界定。项目可分为四个主要生命周期阶段：

- 概念——概念阶段标志着项目开始的准备工作。此阶段的活动包括评估项目目标、审查客户规范以及确定初始利益相关者。除此之外，还包括资源和设施的大体估算、财务和进度的大致要求，以及可行性、风险和战略效益研究。这一阶段的成果通常为项目章程，如果项目章程获得批准，则标志着项目的正式开始。

- 计划——项目章程被批准后，就可以准备工作活动的更多具体细节了，并按顺序将其分类为工作包，记录在工作分解结构中。在这一阶段中可以估算资源、成本和进度，并记录潜在风险。这一阶段的成果通常为项目管理计划书。

- 执行——在执行阶段，项目团队执行并完成工作活动。在此阶段中，通常会出现使用最多的资源以及已实施的财务和设施要求。风险事件通常与工作活动相连，此阶段中可能会发生更多的风险事件。这一阶段的成果通常为项目目标的完成。

- 结束——在确认项目可交付成果被接受后，项目就结束了。这一阶段会减少相应的劳动力、资源和设施，完成和验收所有合同，并结清所有应付账款和应收账款。这一阶段的成果通常为项目的正式完成、所有项目文档和工件的归档以及"经验"文档的总结。

所有项目都会经历这些阶段，但这里的目的是分析在整个项目生命周期中，成本和进度会被哪些因素影响。图 1-5 说明了这些阶段以及项目生命周期中遇到的工作活动和资源需求。

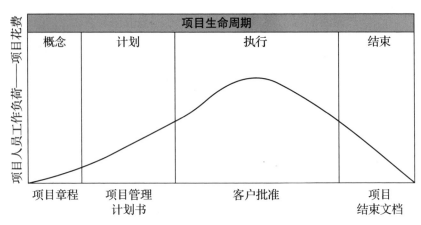

图 1-5　基本项目生命周期

在生命周期的每个阶段，项目团队中会有不同的成员，包括利益相关者——可以对项目活动和决策进行不同程度和类型的参与。一些阶段涉及更多的开发和决策，而另一些可能只是进行和完成预定的工作活动。项目经理在项目生命周期的每个阶段都会面临估算、监督和控制预算及进度活动方面的问题。图 1-6 对比了项目经理在项目生命周期的每个阶段在预算（成本）和进度方面面临的不同挑战。

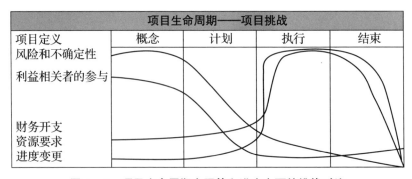

图 1-6　项目生命周期中预算和进度方面的挑战对比

项目经理在项目生命周期的每个阶段都会面临不同的挑战。通常，项目的开始阶段（概念和计划阶段）所面临的挑战主要是项目开发、利益相关者管理以及风险或不确定性方面的问题。在执行阶段，要管理所有的工作活动，最困难的是进度安排和预算管理。这时很有可能改变管理方式，因为管理不善会造成冲突和不确定性。结束阶段的压力非常大，因为这时候要评估采购和合同的完成度与合规性来保证支付。这就是为什么组织要聘请专业的项目经理，他们在处理项目生命周期的所有阶段时都具有娴熟的经验；这些阶段可能会出现不同类型的问题，专业的项目经理知道如何解决这些问题。

■ 思考与讨论

1. 讨论组织的生产和支持功能的含义。

2. 解释项目、项目群和项目组合与组织需求的联系。

3. 解释项目、项目群和项目组合之间的差异。

4. 讨论项目生命周期的主要阶段。

第 2 章

启动过程

在项目生命周期的第一阶段，即概念阶段，要开展创建项目所需的初始活动；这一步骤称为启动过程。该过程被认为是项目中最关键的步骤之一，因为这时要明确诸多定义。尽管要在启动过程中处理很多事情，但主要目标还是获取足够的相关信息，让关键人物决定是否继续进行项目活动。

无论项目的规模如何、简单与否，都要收集有关项目内特定活动的详细信息。为了确定一个项目的可行性，以及开始后是否该继续下去，关键人物应该在启动过程中完成以下七项基本任务：

- 确定需求、问题或优势；

- 定义项目范围；

- 确定项目目标和可交付成果；

- 确定完成目标所需的成本、资源和时间的大致估算；

- 确定内部和外部利益相关者；

- 指派项目经理；

- 投入完成目标所需的初始财务资源。

这一过程中收集的信息概括性强，细节很少，只是为了高层决策而收集的。我们梳理出了在启动过程对成本和进度估算以及项目控制影响最大的六个方面。图 2-1 显示了项目生命周期中概念阶段的启动过程和相应的成果。

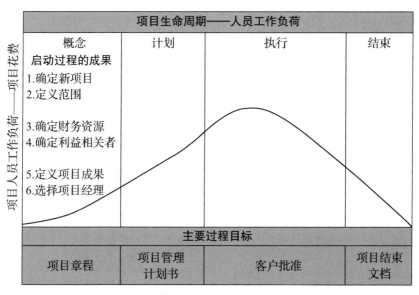

图 2-1　启动过程

项目起源

基于供应商／客户关系的供需基本业务模型也构成了项目的基

本模型。因为项目具有产出可交付成果的独特性，并且具有开始点和结束点，所以产出可交付成果是由客户需求定义的，并将由充当供应商的项目团队来生产。这种供应商/客户关系可以在一个组织的两个当事方之间形成，也可以在两个组织之间建立。因此，项目的起源始于对由客户定义并由供应商提供独特交付物或服务的需求，供应商视其为发展的机会。然后，代表供应商的个人进一步定义目标，并对机会的可行性进行分析。如果供应商认为机会可行，则供应商会通知客户它将争取这个机会，并在此过程中开始创建项目。

内部项目和改进

在一些组织中，内部部门拥有用于生产独特交付成果的资源，其他部门可以使用这些交付成果；这些就是内部项目。此处要注意，有一些内部部门的任务是支持日常运营，它们的日常工作并不独特。比如，组织中的信息技术（IT）部门负责维护网络服务器。这项任务是定期执行的，不是唯一一次的，因此不被视为项目。如果 IT 部门开始负责安装新的服务器，需要进行硬件安装和运行测试，这项任务就可以视为一个项目，因为只有这个部门能完成。

组织中的部门可能会确定它们需要一些超出常规操作范围的新发展或项目改进；这些也可以视为项目。在这种情况下，部门中执行项目活动的团队将被视为项目团队，而使用项目可交付成果的部门将被视为客户。如果两个部门协作，则将提供解决方案或可交付成果的部门视为项目团队或供应商，而将接收可交付成果的部门视为客户。大型组织通常会利用内部资源为组织内的其他部门提供独特的可交付成果，也就是创建内部项目。

组织使用内部资源创建内部项目各有利弊。管理层必须分析成本效益，确定创建内部项目是否为最佳做法，有没有必要雇用外部承包商。使用内部资源的组织的一个主要优势是不必与外部供应商签订合同，并且负责项目的经理在和职能经理合作使用资源完成项目方面可能具有更大的灵活性。还有一个主要优势是可充分利用人力资源、设备和材料的利用率未达到 100% 的部分，将它们用于项目活动，所以从成本上说比雇用外部资源便宜。

使用内部资源的缺点之一是资源可能无法为活动任务提供足够的技能或质量支持，结果是交付的成果达不到接收部门的要求。另一个缺点是，将内部资源用于项目活动需要先将项目活动从正常活动中移除，这可能会对部门内部的日常运营产生影响。

通常，组织最好先考虑使用内部资源来完成项目活动，目的是提高效率并降低成本，然后再寻求外部资源来完成项目活动。但需注意，有些可用的人力资源虽然看起来靠谱，但是存在风险，在完成项目活动方面不那么有效。这会导致交付成果不合标准，从而使项目花费更多的时间，因为需要额外的时间或资源来完成项目交付成果以满足客户要求。

外部 RFP 和 RFQ

为了响应市场需求，许多组织提供其他组织需要的独特产品或服务。在市场中开展业务需要建立组织之间的关系。总是会有组织提供其他组织需要的产品或服务，从而形成了企业对企业的关系。可以通过组织提案来建立这种关系，该提案会根据客户提出的需求来提出满足特定的客户需求的建议。这种提案称为征求建议书（request for proposal，RFP）。在这种情况下，提出需求的组织掌握了主动权，因为它正在征求建议，并将选择认为最有资格完成目标的供应商。

在征求建议书被接受，并且两个组织建立起联系之后，征求建议书的信息即成为定义新项目的基础。征求建议书非常重要，它大体上解释了组织的计划是什么、如何做，以及为什么要完成目标。尽管征求建议书包含有关组织的大量信息以及先前产品或服务的示例，但总体来说，该特定项目本身的详细信息很少。只有拥有足够的信息才能保证客户确信组织能理解他们的要求，这是需要建立良好沟通渠道的关键所在。

因此，征求建议书更多地用于组织的卖点宣传，而不是目标的细节展示。如果客户对组织很满意，就迈出了合作成功的第一步，之后可以就目标的具体细节进行更多的交流。因此，征求建议书的作用主要是作为赢得业务的工具。最初的利益相关者（可能包括项目经理）有责任开始收集有关用于形成项目启动阶段的目标的特定信息。

在其他情况下，需要产品或服务的客户可能会联系提供产品或服务的组织，但他们会对标准产品进行变更，以使其具有唯一性并在项目管理中加以控制。在这种情况下，客户将要求特定的组

织提供产品或服务的价格、可完成性和变更内容，即报价申请书
（request for quote，RFQ）。这个时候，提供产品或服务的组织掌握
了主动权，因为客户正在查询特定的产品或服务以及可能的变更内
容。在大多数情况下，报价申请书包括有关特定产品或服务以及所
需的任何特殊条件的详细信息。如果达成协议，则报价申请书可以
作为项目启动时收集更为详细的信息的基础。

项目利益相关者

项目型的组织或较传统的拥有职能型结构的组织，一般不会
采用封闭式项目管理，项目或多或少会受到一些影响。项目总是会
与管理人员、采购人员、开发人员或客户以及可能会对项目产生影
响的其他部门的人员产生某种形式的联系。可以直接影响项目的开
发、管理或最终结果的个人就是利益相关者。利益相关者的正式定
义是组织内外部与项目有利益关系的任何个人。

项目利益相关者管理

在项目的启动阶段，在选择项目经理之前，会根据项目启动方
式的不同选择一些利益相关者。不过有的时候，项目经理会从一开
始就介入项目。选择新项目的项目经理的时机至关重要，因为这对
整个项目的开发以及项目经理如何管理利益相关者及其期望都起着
重要作用。项目经理负责与利益相关者有关的三项任务：

识别——利益相关者管理的第一项任务是确定哪些人是利益相关者。利益相关者通常是那些"有利害关系"的人。他们可以参与项目的初始开发、谈判、规范制定和章程批准。利益相关者还包括具有决策权的人。

管理利益相关者——第二项任务是定义如何管理利益相关者。这项任务的目的不是要对利益相关者的权限负责，而是对他们如何参与项目和总体沟通计划负责。因为这些人对项目有一定的兴趣，项目经理需要确定如何管理他们对项目的期望。

管理利益相关者的参与——第三项任务是确定利益相关者在他们的参与中将要做的事情以及如何解决出现的问题。

项目经理对组织和项目负有最终责任，所以需要了解谁是利益相关者，为什么某些利益相关者与该项目相关联，如何管理其需求和期望，以及如何建立适当有效的沟通渠道。如果利益相关者最终与项目有利害关系，那么他们也将对项目的某些部分产生影响，或者需要项目中的信息或可交付成果。图2-2显示了利益相关者与项目的关系。

项目经理需要了解利益相关者对项目影响的所有细节。这项任务可以通过利益相关者分析来完成。利益相关者登记表是利益相关者分析的第一步，该表列出了利益相关者的名单、他们的职责以及他们可能对项目产生的影响。项目经理还需要收集其他形式的信息，以确定利益相关者是从项目中接收信息还是向项目提供信息；同时还要确定利益相关者的期望以及与他们进行信息交流最有效的

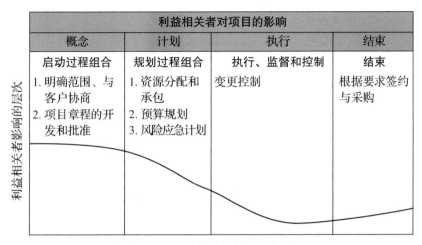

图 2 - 2　利益相关者与项目的关系

方法。利益相关者分析是项目经理用来管理利益相关者对项目影响的主要工具，因此开展得越早越好。

期望

项目经理面临的最大难题之一是利益相关者的期望。期望可能涉及利益相关者对项目的影响：利益相关者会介入项目，或者项目产生的信息或可交付成果要传递给利益相关者。如果项目经理对项目负有最终责任，则他还必须了解利益相关者与项目的关系及其可能对项目产生的影响。在许多情况下，项目经理必须在接受因利益相关者的管理水平而产生的影响与拒绝不必要的影响（可能会对项目产生负面影响或与项目目标发生冲突）之间作出细微的区分。项目经理必须了解利益相关者是谁，以及利益相关者对项目负有什么责任。

同样，有些利益相关者，比如高层管理人员或客户，可能对项目进度、状态报告以及已报告的可交付成果的任何关键信息都抱有期望。项目经理必须设计沟通策略，明确何时、如何以及为什么要将某些信息传达给利益相关者。项目经理还必须谨慎对待利益相关者的期望，要按照利益相关者所要求的正确格式提供适当的信息。

　　无论哪种情况，项目经理都必须知道如何识别利益相关者，制订计划来管理来自或流向利益相关者的信息，并了解利益相关者会对项目的成本和进度产生什么影响。这里的重点是帮助项目经理了解利益相关者对项目活动的预算和进度可能产生的影响。对于项目经理来说，了解制订利益相关者管理计划的重要性以及如何改善项目经理、利益相关者和项目人员之间的关系至关重要。

项目选择

　　组织每天作出的决策必须尽可能与产品、流程开发相关或有利于组织扩展。各级经理要评估哪些项目可以为组织带来收益，以及何时及如何启动项目，以免干扰日常运营。这并不是一件容易的事，因为有些项目可能非常重要，需要好几个人来分析和改进，而有些项目的规模可能很小，管理人员可以轻松地启动和完成。无论如何，项目经理都必须根据收集到的信息对项目进行评估。制定选择标准也很必要，这样管理人员才能够正确评估哪些项目对组织最有利，确定启动项目的最佳时机。

　　管理人员需要评估项目的重要程度，但他们也必须考虑影响项目启动的因素。由于大多数项目构想都源自组织内部的需求，因此并非所有项目在技术上都可行、财务上都公平，或者都具有可证明项目目标合理的投资回报率。为了帮助经理确定最适合组织的项目，必须收集信息并为要分析和批准的项目制定选择标准。以下内容探讨了组织在开展项目工作活动时可能遇到的限制条件，并介绍了选择方法，这些方法为管理人员提供了工具来评估组织应批准哪些项目以使投资回报最大化。大多数组织都会在两个级别上遇到限制条件：组织级别和项目管理级别。

组织限制条件

根据自身结构的不同，组织可以对项目选择形成限制条件，并作出最佳的项目选择。组织可能还拥有许多可用于项目选择的资源，但是这些资源也会形成限制条件，降低选择过程的效率。组织内部有六项因素会影响项目选择。

内部技术——在组织评估将启动哪些类型的项目时，限制条件之一是组织是否具有相应的技术来生产项目可交付成果。如果项目的产品和过程改进都在组织的技术能力之内，就不会对结果造成阻碍。但有些项目或者专业产品的开发可能会涉及组织没有的技术，这时就需要组织努力获得这项技术，否则只能因缺乏技术而放弃。应该注意的是，组织需要新技术的时候也是其改进和扩展能力之机，因此，这项要求或许并不总是限制条件，有时反而是一个机遇。在最差的情况下，组织确实没有所选项目所需的技术，很难产生项目可交付成果，面临无法完成项目目标的风险。

人力资源——在大多数情况下，项目工作活动需要人力资源的独特技能组合。组织内是否有足够的人力资源也是完成项目的一大限制条件。审查潜在项目工作说明书的人员应该对可用的人力资源有所了解，以便对人力资源进行准确的评估以完成工作活动。如果组织确实有可用的人力资源，但因为负责选择的人员的疏忽而不能启动项目，就很遗憾了。在理想情况下，负责选择的人员可以发现组织中其他人可能忽视的独特技能组合，并好好利用它，从而抓住这个独特的机会。因此，对于负责选择人力资源的人来说，关键任务是了解组织内可用的技能组合，因为这既可能是限制条件，又可能是绝佳的机遇。在某些情况下，组织可能并没有项目所需的技能组合，但为了完成专门的工作活动，组织愿意聘请顾问来完成项目目标。

管理——在大多数情况下，组织在项目选择过程中会启用某种级别的高层管理人员，这也是限制条件或机会之一。有一点非常重要：确定项目选择的管理人员必须精通项目选择的知识，了解可用资源，了解将要进行的工作活动和组织的总体战略目标。管理人员还必须具有团队合作能力，确保他们能够与其他经理或项目选择人员有效合作。经理必须了解项目选择的重要性，并使用正确的评估手段，以组织大局为重。在许多情况下，最好在项目选择中起用管理人员，因为他们有独特的视角，对组织目标、潜在项目团队的技能和员工的能力有更全面的认识。高层管理人员可能还会带来其他限制条件，因为他们无法事无巨细地了解项目选择过程。重要的是，高层管理人员要了解他们对项目选择的影响，并认可有效选择过程的重要性。

设施和设备——项目选择过程中还有一个重要因素是组织的一般基础设施以及在日常运营之外处理项目的能力。大多数组织都具有日常运营所需的设施、设备、材料和人力资源，但可能不具有执行项目的额外能力。负责项目选择过程的人员要确定除日常运营所需之外的基础设施资源，用以管理项目工作活动。重要的是，要了解用于项目活动的非日常运营的额外资源与从项目活动的日常运营中借用的资源之间的区别。负责项目选择评估的人员应与职能经理沟通，以确定可用的资源。有时候，有些资源没有被充分利用，那它们也可以用于特殊项目活动。有时候，不仅项目所需的资源已完全用于日常运营，还需要引入额外的资源来进行项目活动。这是项目选择过程中涉及的重要因素，不仅要确定设施、设备和人力资源的可用性，而且要在需要时引入额外资源。

财务资源——根据待定项目的规模和复杂程度的不同，在项目选择过程中必须评估组织为开展项目工作活动要提供多少财务支持。如果组织正在评估的项目是创建新文档或进行流程改进升级，那可能只需要很少的财务资源，甚至仅需要人力资源。而其他大型且更复杂的项目可能需要购买和/或租赁大量基础设施、材料并投入大量的人力资源才能完成。这些类型的项目成本可能非常高，并且需要专门的资金。一般来说，选择标准中会注明项目对财务的所有要求。在项目选择过程中，很重要的一点是要在项目启动之前作出财务承诺，这样就不会产生现金流的问题，项目进行过程中也不会遇到资金缺乏的情况。

组织的结构——职能式、项目式或矩阵式结构对项目的选择、实施和管理极其重要。职能式组织具有更传统的结构，分为行政、工程、采购、制造和库存控制等职能部门。项目式组织的组织结构是围绕组织参与的主要项目设计的。组织中许多传统部门的资源会被分配到各个项目团队，在一个项目完成后被分配到下一个项目。这种组织似乎具有传统意义上的各个部门，事实上大多数员工都在执行被分配的项目工作，并根据进度从一个项目转移到另一个项目。矩阵式组织是职能式组织和项目式组织的结合体，组织的传统部门和员工可能会向职能经理汇报工作，并且项目依然是组织业务的很大一部分，员工的部分时间会用于完成项目，其他时间则用来完成职能部门的日常工作。

职能式、项目式和矩阵式结构在项目选择方面各有优缺点。职能式组织可能会在项目选择中面临更多的问题，因为项目不是职能式组织业务的基本组成部分。因此，需要额外的精力来完成项目选择过程。由于项目通常被认为是组织业务的主要组成部分，因此，项目式组织通常具有完善且高效的项目选择过程。矩阵式结构是传统部门的职能结构和项目结构的结合体，员工可能会向职能经理或项目经理报告工作，但因为矩阵式组织日常会运作许多项目，因此对项目管理和项目选择得心应手。

一般来说，项目式组织的主要业务就是运作各种项目，所以在简化和完善项目选择过程方面具备丰富的经验。项目式组织通常还会雇用员工来做信息收集、项目评估和选择的工作。职能式组织虽然偶尔会运作一个项目，但通常在选择项目时效率很低。这是因为职能式组织的重点在其主要日常业务上，工作中很少涉及特殊的项目。这导致职能式组织缺少有经验的员工从事准确的信息收集和参与有效的项目选择过程。矩阵式组织介于职能式组织和项目式组织之间，具体取决于其参与的项目数量以及这些项目的选择过程和开发程度。

项目管理限制条件

组织对项目的准备程度也可能成为一项限制条件。不同的组织结构会导致项目管理对组织有不同影响：可能为组织带来巨大的机遇，也可能带来最严峻的挑战。项目成功的条件有很多，其中包括精通信息收集、项目选择和项目管理的人员，以及用于创办项目管理办公室（project management office，PMO）并有效管理项目和项目组合的人员。根据组织中进行的项目的规模和复杂性不同，较大的职能式组织的限制条件可能还包括工作人员。如果缺少这些类型的专业项目管理资源，本就缺乏项目执行经验的组织在运作项目时可能会更加困难。一些组织可能会对职能经理进行项目管理技能和流程的教育和培训，以更有效地管理项目。无论如何，掌握熟练的项目管理技术和流程的员工可以帮助组织更有效地选择和管理项目，从而将项目管理变成组织的一大发展机会。大多数组织认为项目管理级别的限制条件可分为两大类：

（1）组织的项目管理成熟度——如你所见，组织在运作项目方面的经验可能会有所不同，这在项目选择和管理中非常关键。成功选择项目的最基本的要素之一是组织在选择和实施项目方面拥有多少经验。负责收集数据和分析潜在项目以供选择的员工通常会借鉴组织已完成项目的经验和历史，以查找可能影响项目选择过程的信息。

参与过组织内先前项目的人也可以在项目选择过程中提供关键信息。这些信息可能是某些工作活动所需的技术、有关客户的信息、先前项目的问题以及可用于项目选择分析的经验教训。

定义组织的项目管理成熟度的另一个关键要素是精通项目管理的员工。项目经理在项目选择和管理的成功中起着至关重要的作用，因为他们在项目管理技术和流程方面受过训练且能力突出，可以有效地完成项目。组织缺乏熟练的项目管理人员，可能是有效管理项目的严重限制因素。

如果组织具有完善的项目管理流程，则通常配备有重要的工作设施，如项目管理办公室或已建立的项目管理模板以及用于标准化组织内项目管理的流程。如果同时运作多个项目，一些组织就会聘请精通开发和管理程序的管理人员。这些组织被认为在项目管理开发中具有较高的成熟度，因为这种类型的结构和流程代表着更有效的项目选择和管理能力。

（2）项目数量——大多数组织，无论是规模较小、项目管理开发经验较少的组织，还是规模较大、具有更复杂项目管理结构的组织，都知道在一定时期内运行多个项目不是一件容易的事。当组织考虑选择项目时，必须具有选择标准，考虑因素包括组织的能力限制和运作更多项目的能力。这种能力可能是人力资源、资本设备和可用材料，其他必须考虑的因素还有熟练的项目管理人员，以有效地进行文档编撰和创建以及运作多个项目。

对于规模较小、项目管理结构不太成熟的组织，其本身结构的不足加上没有熟悉业务的项目经理，可能会成为制约组织发展的因素。这种类型的组织可能有很多机会，并且拥有进行项目所需的所有资源，但是缺乏项目管理能力来正确记录和有效管理项目直至完成。较小的组织也可能会遇到资源限制问题，如人力资源、资本设备、设施和项目的财务支持。有时候，在项目选择过程中，较小的组织对项目过于挑剔，这可能会给管理层带来压力，他们不得不对选择哪个项目作出最终决定。而项目选择过程中缺乏项目管理经验可能会加剧这种限制。

拥有成熟且复杂的项目管理结构的大型组织必须密切关注项目的选择以及各类项目的优先级。被称为项目群经理或项目组合经理的专门人员会将多个项目合并为类似的项目群或项目组合，并按项目组进行管理。他们有责任协助项目选择，在项目群或项目组合中安排项目并在资源允许的情况下对项目进行优先排序。通常由这些经理决定如何针对组织的结构、资源可用性以及与组织的战略目标保持一致提供大的项目组合或项目群。图 2-3 说明了使用项目组合和项目群管理的结构。

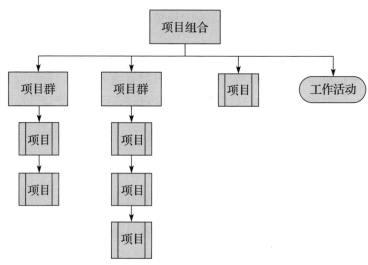

图 2-3 项目组合和项目群管理

组织策略中的项目选择

如果组织选择开展项目，就必须建立选择模型以确定最适合实现组织目标的项目。组织的难点通常在于为什么选择某个项目以及如何分析该项目，但是不管怎样它都需要建立一个考虑以下因素的选择模型：组织的类型和正在评估的项目数量；要分析的数据类型；项目的分配方式（项目群、项目组合，或是将其评估为独立项目）。基于组织类型选择项目有两个主要原因：

与其他项目进行比较——一般来说，组织定期开展项目时，会预先评估这个项目是否适合组织。评估主要集中于项目间的比较，这需要收集多个项目的信息。在一些情况下，组织会选择多个项目，评估这些项目在组织中的优先级和位置。

组织的流程或产品改进——如果组织不经常开展项目，大多数评估就会集中在确定项目将为组织带来的价值以及组织是否具有执行项目活动的能力之上。在某些情况下，这些组织仅将项目用于内部流程的改进或独特产品的开发，而从资源的角度来看，它们对运营没有太大的总体影响。

但在某些情况下，组织可以利用项目来管理一些大型活动，例如，组织搬迁，增加全新设施，或是组织希望完成的某种形式的大规模活动。这时，要确定是使用内部资源还是与外部专业的项目管理资源签订合同来进行此类项目。许多组织通常缺乏项目选择和管理技能，这使得完成项目选择过程更加困难。因此，组织通常会指派职能经理来监督内部项目活动。

组织确定选择项目的原因后，必须使用预先确定的标准建立对项目进行评分的方法。每个组织都必须评估自己的业务模型，以确定选择标准以及某些标准的优先级或重要性。要分析的数据类型决定了所使用的分析方法，通常有以下两类分析方法：

定性——如果只收集到了很少的项目详细信息，并且必须基于相对主观的一般描述作出决策，就要使用定性评级方法。定性评级可用高、中或低表示，或者用热或冷、大或小和其他描述性的评估方式表示。这种分析方法有很多应用，如用于项目群中自带的项目、无法推脱的客户期待的项目以及其他没有数值分析的项目选择情形。尽管这种形式的评级有一定效果，但最好只在实际数值不确定或根本不可得时使用。

定量——定量项目选择需要有关项目活动的更具体的数值数

据。实际数值数据（如大小、数量、温度和财务数据）可以更准确客观地评估要选择的项目。强烈建议大家在可能的情况下使用定量分析方法，因为它可以对项目的详细信息进行更准确的评估，并为制定工作说明书提供良好的起点。

在大多数情况下，定期开展项目的组织通常会同时处理多个项目。这些类型的项目是组织日常运营的内容，反映了组织的战略目标。这些项目通常是客户对独特产品或服务的特定要求的结果。组织为响应多个客户需求，将项目合并为项目群或项目组合。有些组织不根据客户需求为多个项目搭建结构，而是独立运作各个项目，根据项目对组织的价值分别进行评估。

项目组合和项目群

组织管理多个项目，并将其划分为项目群和项目组合。根据第1章"基本项目结构"的内容，项目群是对类似项目的分组，以最有效地利用组织内的资源。项目组合通常在较高级别上对多个项目群进行分组，并且可以包括不相关但可在项目组合中管理的单个项目和单个活动。在评估项目的过程中，组织如何将项目划分为项目群或项目组合很重要，因为评估标准包括组织如何对项目进行分类和优先级划分。使用项目群和项目组合的组织发现将项目分为以下几类更为有效：

基于客户——如果组织生产一种特定类型的产品，并且客户根据其应用要求对产品进行几处独特的变更，则组织会将这些独特的

产品项目分组为特定客户的项目群。对于拥有少量客户且客户对公
司产品变更的要求非常具体且独特的公司而言，这种方法更为常
见。例如，一家生产手机的公司会根据 AT&T、Verizon 和 T-Mobile
等每个客户的特定需求，对手机的独特生产进行分组。这样，组织
可以管理特定客户的所有项目，并将项目群经理指定为联系人以方
便达成客户的期望。这种方法还允许项目群经理根据项目的优先级
来管理内部资源，以满足客户需求。通常，客户更喜欢拥有一个了
解所有相关项目的单个联系人，因为这对更好的沟通、项目细节的
一致性和状态报告有利。在这种情况下，项目选择标准更加关注客
户的需求、期望和每个客户的项目群中的优先级。图 2-4 说明了
基于客户的项目群的组织结构。

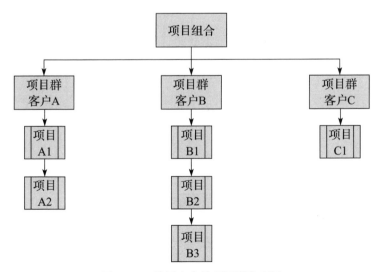

图 2-4 基于客户的项目群和项目

基于产品——其他组织可能选择按产品或服务类型对项目进行

分组，这种组织可能会提供少量产品或服务，并且拥有较大的客户群。在这种情况下，组织希望通过合并每种产品所需的资源来简化运营。举例来说，一家生产农用设备的公司可能会将类似的产品分组到一个项目群中，例如，将所有农用拖拉机归入一个项目群中，将农用拖拉机配件归入另一个项目群中，将树木采伐机和地面收割机归入单独的项目群中。对于每个项目群，公司都为不同客户创建不同设备，但是组织可以合并每种机器所需的专门资源和设备以简化操作。这个例子中的选择标准侧重于产品以及产品变更或添加将带给整体业务的总体价值。图 2-5 说明了基于产品的项目群的组织结构。

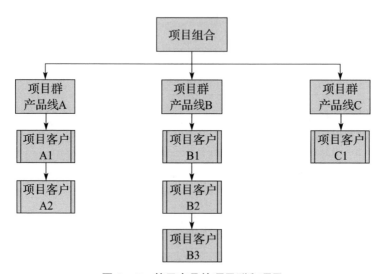

图 2-5　基于产品的项目群和项目

　　基于组织部门——在多个不相关市场中开展业务的大型组织会将业务划分为多个独立的业务部门。每个部门都有自己的战略计

划，以响应各自的市场环境和客户需求。例如，西门子有四个主要
的部门：能源、医疗保健、工业以及基础设施和城市。这四个主要
部门或业务组合都有各自的若干项目群、项目和工作活动。这些
项目群、项目和工作活动特定于该项目组合，而未在其他组合中使
用。这使组织可以获取每种项目组合所特有的资源、设备和设施，
使整个业务部门更有效地响应市场需求。这也有助于项目组合经理
专注于项目组合中特定项目群的项目选择。图 2 - 6 说明了基于组
织部门的组织结构。

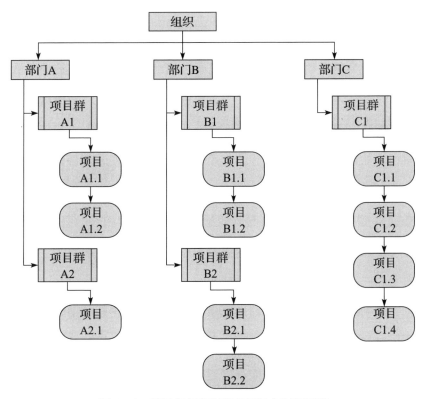

图 2 - 6　基于组织部门的项目组合和项目群

当经理为分配给项目群或项目组合的项目制定选择标准时，其他因素（如优先级、客户关系和期望）就成为要纳入选择过程的重要标准。在许多情况下，拥有明确定义的项目群和项目组合实际上更容易进行项目选择，因为它们更专注于基于客户、产品或项目组合的业务。

如果组织在日常运营过程中很少开展项目，就会在项目选择过程中独立评估每个项目会给组织带来的价值。由于组织的规模和项目的复杂性不同，独立项目的选择可能比选择项目群或项目组合中使用的项目更容易或更困难。

独立项目

用于专门活动（如研发、过程改进或与基础设施相关的业务活动）的项目称为独立项目。在大多数情况下，独立项目是根据组织内部的独特需求开发的，用以完成与业务的日常运营不一定相关的事情。如果组织选择扩大运营、改变工作环境或安装新设备，则可能会以项目的形式组织此类活动，并指派项目经理来监督所有工作活动是否完成。这类项目与其他类型的项目具有相似的选择标准，但可能还涉及：评估不同的建筑物和位置，如何扩张的决定，或者研究和开发项目的应用与投资回报。

对于单个项目，选择标准必须包括项目的组织和管理能力以及可用于开展项目工作活动的资源，这一点也很重要。正如你在这类项目中所看到的，组织可能难以正确地记录项目目标和项目可交付成果的详细信息，以及项目管理人员的可用性和不影响日常运营的资源。

当组织不常运作项目，就会缺乏有效和高效的项目管理技能，项目也会因此遭受损失。在这种情况下，项目选择应权衡项目的规模和复杂性，以及组织有效运作该级别项目的能力。如果需要完成一个复杂的项目，则聘请外部专业项目管理资源是最佳的选择。如果项目评估显示，项目的范围和复杂性小到内部职能经理可以有效地监督项目活动，则此信息可以在项目选择过程中发挥至关重要的作用。在许多情况下，组织常常低估项目所需的工作量，导致项目管理不当。如果组织在项目管理方面也没有技能资源，就可能使项目出现成本超支、进度延迟以及可预见但未计划的风险事件，从而导致项目绩效不佳和利益相关者不满意。

选择模型和方法

高管和经理会定期评估项目建议，对其进行调整，或创建一些需要收集、分析信息的新内容，并作出决定。可借助工具来正确分析项目数据。一些数据比较笼统，细节较少，多为主观描述，需要进行某些类型的分析；而其他数据则更具体，数值更客观，需要更适合此类数据分析的工具。

无论有多少实际分析数据可用，项目选择模型的五个基本要素对于选择过程都是共有的：

现实性——模型应考虑潜在项目的整体战略一致性，以确保基于业务战略的已完成项目的收益。该模型应考虑总体风险水平、财务风险以及资源和设施的可用性，以完成潜在的项目目标。

能力——项目选择模型应要求审查组织的能力、技术水平以及当前项目的现有业务组合的总体适用性。这就要求对与当前正在运作的项目"相似"的项目进行评估，但不能放弃拓展组织能力和技术的机会。

灵活性——如果需要特定类型的评估，则该模型应易于适应变更，包括法规、费率或可用于评估的一般信息的变更。

易于使用——该模型必须易于对可用信息进行格式设置，易于使项目经理和其他人员得出结论，并与需要审查选择模型的其他人交流数据和结论。该模型和相应的数据可能需要在多个位置和国家/地区进行验证，并且要易于解释评估过程。

成本——项目选择模型的获取和维护还应考虑到成本问题，并可以一直使用。在某些情况下，组织当前正在使用的企业软件管理平台中可能包含项目选择模型的工具，只需找出来由掌握相关技能的人使用即可。越简单、成本效益越高的模型，用得越多。

定性和评分模型

最快速和最简单的项目选择模型通常是定性的。它们也称为评分模型。这种类型的模型使评估团队可以更加主观地为潜在项目"评分"。当无法获得实际数值数据时，可以使用评分模型；若需要在评估数值数据之前就作出选择，那么使用评分模型可以更快、更轻松地进行评估。虽然这些技术易于使用，速度也快，但不太准确，仅用于一般的潜在项目评估。

评分模型——评分模型通过评分标准将主观值置于评估者选择的感兴趣的项目列表中，如图 2-7 所示。该模型还将数值 1 ~ 10 作为分数并加入权重，以进一步完善对特定标准的分级说明。

评分选择模型			
评分标准	项目 A	项目 B	项目 C
战略协调性	L	H	H
成本	H	L	M
技术可行性	M	M	H
项目潜力	H	M	H
风险	M	L	H
效果评分：L = 低，M = 中，H = 高			

图 2-7　评分选择模型

泡泡图——泡泡图也是一种非定量方法，它基于一定的标准以不同的图形对项目进行评分或分类，如图 2-8 所示。在图 2-8 中，有三个数据点评估标准：项目成本、利润和代表相对风险水平的泡泡大小。可以在 Excel 等工具中轻松执行此类评估。

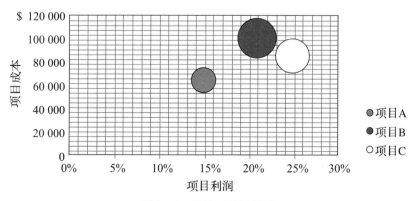

图 2-8　泡泡图选择模型

类似评分和泡泡图的项目选择模型的其他形式包括比较模型，如 Q-sort 比较模型（Souder，1984）和成对比较模型（Martino，1995）。

定量和金融模型

定量模型使用数值数据进行评估和比较以进行项目选择。在大多数情况下，定量模型评估诸如现金流量、项目成本、收益率以及整个项目生命周期内的货币价值之类的指标。由于项目的正确选择很重要，因此需要了解项目对组织的影响，以便所有负责企业成功运营的人都可以对每个项目的预期结果以及项目被选中的原因更有信心。这种类型的选择模型更加准确，应该用作项目评估和选择的主要工具。这种类型的评估示例如下：

货币的时间价值——根据项目的大小和复杂性的不同，项目经理和财务经理需要解决一些更加复杂的问题，比如项目的耗时和当时的货币价值。如果以今天的货币价值来评估项目，那么从现在起 1 年、2 年或 5 年后，当大型项目仍在进行中，这笔钱的价值是多少？它还有相同的购买力吗？它会为组织带来相同的利润价值吗？这些问题需要在项目开始时或选择项目之前回答，以更好地了解项目的结果以及它实际上是否会如今天展现的价值一样成功。

项目对组织的财务资源有两个主要影响：通货膨胀对货币的购买力产生影响，以及无法将捆绑在项目中的资金用于投资。因为组织可以多种方式投资来获取收益，所以对项目的投资会束缚资金，直到项目完成并获得利润。如果项目耗时好几年，最初的投资最终将产生什么样的回报？赚的钱会多于短期投资吗？这也是短期项目更具吸引力的原因——短期项目可以更快地获得净利润，并且可以将其再投资于其他项目。在短期项目中，获利更快，而在长期项目中，利润更高。在短期项目中，利润的价值较高，而且较短时间内利润的价值不会随着时间的流逝而降低。长期项目可以采用利润率指标，但是利润的价值（购买力）较小。这里评估的关键在于投资回收期。

投资回收期——评估项目的选择时，一项主要标准是组织可以多快地获取利润。这个问题看起来简单，回答起来并不容易。也许可以很容易地计算出利润，但是要获得准确的评估，需要考虑很多其他因素，如收回资金需要多长时间以及货币的购买力价值。在初始投资额为 100 000 美元、期限为 4 年的项目示例中，可以看到一个项目在给定投资回收期的情况下对投资回报产生的影响。投资回收期如下：

第 1 年 = 11 000 美元

第 2 年 = 19 000 美元

第 3 年 = 50 000 美元

第 4 年 = 17 000 美元

在项目结束时，利润为 17 000 美元，但是花了 4 年时间才获得那 17 000 美元，而且它对组织的回报价值不会与今天的 17 000 美元价值相同。此外，如果第 1 年、第 2 年或第 3 年的现金流量发生变化，初始投资的回收期将拉长，利润将进一步贬值。投资回报率的基本百分比仅是对不包含任何影响（如通货膨胀）的第一级评估的粗略估计。投资回收期是从粗略的项目选择角度快速获得总体投资回报的粗略方法，不应该用于潜在项目的实际财务预测。

净现值（net present value，NPV）——NPV 是更常用的项目选择工具，因为它是评估项目收益的准确方法，结合了折现现金流以抵消初始投资。它可以帮助组织更好地了解未来资金的现值，以进一步完善项目选择过程。第一步是使用折现现金流计算现值，也就是给定时间段内的预期收益和资本成本率。假设 F 是时间段 1（使用 1 年）的预期收益，r 是资本成本。

现值的计算公式如下：

$$PV = \frac{F}{(1+r)}$$

如果你的一个项目的初始投资为 100 000 美元，并且从现在起一年后的预期收益为 125 000 美元，那么你需要知道该利润的现值在选择项目时是多少。你还有其他可以在较短时间内回收利润的项目选择，因此需要确定现在的利润价值。如果未来现金流的折现率为 8%，潜在项目收益为 125 000 美元，则现值为 125 000 美元 / 1.08 = 115 741 美元。

NPV = 现值（PV）– 初始投资

NPV = 115 741 – 100 000 = 15 741（美元）

要计算多个时间段的 NPV，可以简单地扩展时间段的数量以包

含项目的整个工期:

$$NPV = \frac{F_1}{(1+r)^1} + \frac{F_2}{(1+r)^2} + \frac{F_3}{(1+r)^3}$$

这个等式也可以表示为:

$$NPV = \sum_{t=1}^{n} \frac{F_1}{(1+r)^t}$$

投资回报率(return on investment,ROI)——ROI 只是项目投资的预期利润率。虽然看起来很简单,但这其实是管理层和利益相关者在项目开始时面临的最大问题之一。这也是对项目选择进行粗略评估的重要原因。投资回报率的计算如下:

$$ROI = \frac{项目总投资}{项目总成本}$$

项目章程

在启动阶段,在项目正式开始之前,需要了解项目目标、可交付成果、对组织的影响或利益、涉及的利益相关者以及相关的成本和进度要求。在收集、组织和分析这些信息之后,需要作出批准有关项目的决策。对于每个已选择要考虑的项目,都需要有一个批准流程,以正式创建该项目并开始工作活动;这称为项目章程。

章程的目的

美国项目管理协会将项目章程定义为"由项目发起人或赞助人

发布的，正式批准项目存在并向项目经理提供将组织资源应用于项目活动的权力的文件"。尽管确定项目目标和可交付成果以及项目相关活动的其他领域等工作一直在做，但绝大多数都在后台进行，此时大多数组织甚至可能都不了解正式项目。

项目章程允许利益相关者（在大多数情况下包括客户）就项目目标、可交付成果、范围、成本和时间框架达成协议，以便利益相关者可以达成共识并决定项目开始。如果每个人都认为提案中概述的项目细节对所有各方都是公平公正的，则可以达成协议正式启动该项目。重要的是，最初的利益相关者和/或管理代表必须向组织中与该项目相关的人员明确告知该项目已正式开始，并已选择项目经理来组织项目活动。

章程的结构

项目章程是一个文档，其中汇总了有关生产可交付成果的活动建议的初始高级别数据和信息，以供分析和批准。初始信息通常从业务需求或外部客户需求的建议中收集。在大多数情况下，此信息是高级别的，缺少具体的细节，但是足够完整，可以大致满足目标需求。但在某些情况下，外部客户需求的建议可能包括非常详细的规格，章程中会有详尽的关于可交付成果的要求。无论哪种情况，项目章程通常都只包含在启动阶段定义可交付成果的细节，而不包含定义详细成本结构或概述任何形式的合同协议的语言的细节。

应该注意的是，创建项目章程不是创建法律合同，章程的批准和授权不构成法律或约束性协议。该章程仅用于概述有关建议的可交付成果的项目详细信息，以便双方可以就项目目标达成一致。批准章程并分配项目经理后，可以定义工作活动、成本和进度要求的更多详细信息，以便根据详细信息拟定实际的法律合同。

由于项目章程定义了项目的正式开始，因此需要包含一些关键要素。项目章程中应包括以下关键要素：

- 项目名称；

- 发起人和利益相关者；

- 开始和结束日期；

- 概要、目标和要求；

- 进度；

- 假设和限制条件；

- 预算；

- 主要风险；

- 项目批准要求；

- 项目经理和权限级别分配；

- 批准项目章程的人员。

新产品开发的项目章程如图 2 - 9 所示，它显示了建议包含在项目章程中的基本要素。

项目章程				
项目名称：				日期：
修订：	项目编号：		制定人：	
赞助商：			赞助商代表：	
项目开始日期：			项目结束日期：	
项目目的				
具体描述：				
目标：				
要求：				
项目进度				
节点进度：				
假设和限制条件：				
法律或许可证要求：				
项目成本				
项目预算估计：				
付款进度：				
高风险：				
项目总体信息				
项目成功标准：				
项目经理的责任：				
利益相关者：				
权限				
项目批准：			项目批准日期：	

图 2-9　项目章程

流程或工件

项目章程在组织内的项目批准过程中起着重要作用。提交供审议的所有项目建议都要经过项目数据收集、选择和批准过程。此过程的进行方式可能因组织而异。一些组织的项目管理流程和项目管理办公室有成熟的结构，可能会有一个正式的项目章程流程，该流程在称为项目章程的实际项目工件中执行和记录。章程是本章中描述的实体文件，被发送给适当的利益相关者以供批准和签署。内部改进项目和与外部客户一起进行的正式项目都是这种情况。

其他项目管理结构不那么正式的组织会通过项目章程流程，但可能不会使用书面文档进行数据收集和批准。因为项目章程流程概述了正确记录拟议项目的高级别信息所需的活动，并且有助于简化审批过程，所以某些组织使用其他文档和过程来执行这些职能。重要的是，无论组织如何选择记录在项目章程流程中执行的项目，按章程设计的章程功能仍然是正式批准和启动项目的要求。同样重要的是，无论组织使用名为项目章程的正式实体文件还是通过其他方式执行章程职能，项目的成功都与对准确完成项目章程中的所有要素所给予的关注直接相关。

■ 思考与讨论

1. 解释项目的起源以及为什么要在组织中执行项目。

2. 讨论为什么管理利益相关者的期望很重要。

3. 产品和项目有什么区别？

4. 解释为什么组织限制条件会成为项目经理关注的问题。

5. 在项目选择过程中使用定性方式的缺点是什么？

6. 讨论项目章程的目的以及何时使用项目章程。

// 第 3 章 //

规划过程

　　负责潜在项目信息收集、评估、选择和批准的利益相关者和管理层要明确项目计划开始之前必须完成的关键步骤。在项目启动过程中，利益相关者需要完成两份重要文件：项目章程和利益相关者登记表。如果项目经理不属于最初的利益相关者，则在项目计划开始之前，必须确定他的身份。如果最初的利益相关者已完成启动过程的所有任务，则要将收集和评估的所有信息提供给项目经理，以更详细地概述项目活动、成本、进度和可交付成果。至关重要的是，利益相关者必须与组织内的适当人员沟通，以使项目获得批准，并且可以开始计划、安排日程和采购。

　　一般来说，项目经理要承担制订项目计划的责任。在最初创建项目计划时，会使用为选择和批准而收集的信息。根据不同组织的规模，中小型项目可能只需要项目经理来制订项目计划，大型项目则可能需要额外的人员来协助项目经理制订项目计划。建议是不管项目大小，都要有一位项目经理负责整个项目。这有助于确保：

- 有人了解项目目标的范围和愿景。
- 客户和组织内的其他人员都可以与项目经理沟通。
- 有人报告项目状态。
- 有人负责处理风险事件。
- 有人负责委托和安排项目活动与采购。

为了帮助项目顺利运行、减轻或消除风险并确保成功完成项目目标，管理人员必须意识到项目经理角色的重要性。被指派监督项目的经理不仅应该熟练地制订项目计划、管理资源和项目活动，还应该掌握项目管理知识，包括成本和进度控制、风险管理，以及沟通和利益相关者管理。在选择了项目经理并将启动过程中收集的所有信息传递给项目经理之后，管理人员需要创建项目的总体计划，也就是项目管理计划。

制订项目管理计划

在项目启动阶段收集的信息主要集中在项目可交付成果的细节、所需的一般技术以及组织实现项目目标的能力上。由于这些一般信息是与供应商中的客户协商并达成一致的，因此这一步仅仅是定义生产项目可交付成果所需的项目管理的开始阶段。项目经理创建的第一个文档将涵盖整个项目生命周期中将遇到的所有项目管理问题。该文档称为项目管理计划。

项目管理计划与项目计划

我们必须首先解决术语的问题。项目管理计划与项目计划这两个术语在特定情况之外经常被混用，有时候还被错误地用于标记项目管理过程。但重要的是，组织中的项目经理和其他人员必须正确使用项目管理术语，以免误解项目经理打算传达的内容。下面的定义有助于澄清项目管理中这两个经常被误用的术语：

● 项目管理计划——项目管理计划的文档说明了如何定义和实施项目过程。定义包括每种过程类型的开发、每种过程的预期管理以及如何监督和控制每种过程。过程包括界定范围、进度、成本、质量、人力资源、沟通、风险、采购和利益相关方管理等。

● 项目计划——项目计划中包含完成项目目标所需的所有工作活动，包括要完成的特定任务的细分，以及确定完成所有项目活动所需的所有成本、进度要求和特定资源。

项目管理计划结构

随着项目管理的发展和成熟，各类组织已经针对构建主项目管理计划以及在某些情况下基于组织的特定结构的优化计划形成了自己的方法。在项目管理不是很成熟的组织中，项目经理已经意识到需要制订自己的项目管理计划。这对组织是好是坏，取决于项目经理的能力和经验。图3-1说明项目管理计划中可能包含的过程。

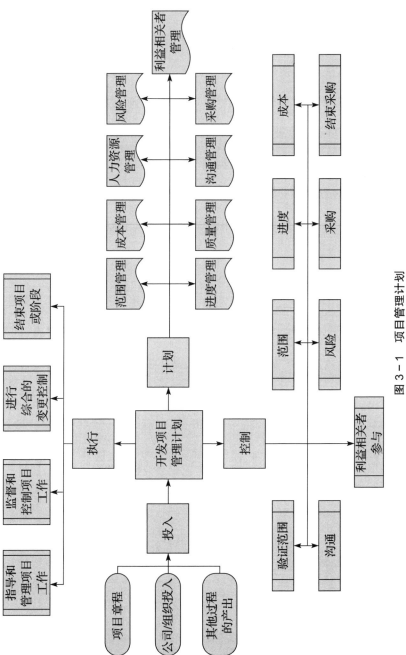

图 3 - 1 项目管理计划

　　项目管理计划中详细介绍了计划的前期投入和将产生的成果。项目管理计划旨在成为一个包罗万象的文档，文档借鉴了项目章程和组织中其他领域的信息，以及与该项目相关的信息。它包括定义完成项目目标需要执行的所有工作以及过程开发（如项目中多个领域的管理和控制）的程序。由于本章重点是规划新项目，因此我们首先介绍如何管理九个过程领域。这里需要注意，这些领域定义了如何管理每个过程，而没有概述过程本身的细节。本书稍后会介绍有关如何制订管理每个过程的计划的简要说明。

- 范围管理——需要在范围管理计划内建立过程来管理如何定义、验证和控制范围。重要的是管理可影响范围的信息、为控制开发范围而建立的准则以及范围定义将提供给项目管理计划中其他过程的信息。管理信息流是开发范围管理的关键组成部分。

- 进度管理——制定计划管理进度也涉及制定过程，以控制和验证在制定项目进度时使用的信息。在项目过程中需要一个计划来管理进度的实施和控制。在较大的项目中，重要的是项目经理应在进度管理计划中概述明确的指导原则，以控制进度的实施方式以及需要处理的任何变更要求。

- 成本管理——制订成本管理计划还涉及控制信息收集的准确

性和有效性、管理组织在制定预算中的影响力以及控制在整
个项目生命周期中如何管理成本的计划的过程。

- 质量管理——在某些情况下，制订计划来管理项目的质量就
  像分析可衡量的标准一样容易，但在另一些情况下，由于项
  目目标和可交付成果的性质的主观方面，定义质量的测量和
  质量如何在项目中发挥作用可能会很困难。从更高的角度
  来看，规划质量应该始终是试图根据客户期望的标准衡量完
  成的工作。因此，规划质量应该从对清晰理解客户期望开
  始，然后将可交付成果分解为可衡量的组成部分。项目经理
  有时会开发项目其他领域的质量测量，如人力资源、采购、
  工程、制造和管理。在质量管理计划中，项目经理通常会概
  述将要分级的内容；在质量控制过程中，他们会概述如何
  分级。

- 人力资源管理——在某些情况下，制订计划来管理项目内的
  人力资源可能非常简单，但在大多数情况下，这是一项复杂
  的任务，需要考虑多个管理领域。规划人力资源管理至少应
  包括定义项目层次结构、职责分配矩阵和权限矩阵。其他可
  能需要定义的领域包括如何管理外部签约人员和位于其他设
  施或国家的项目人员，以及适用的规章。

- 沟通管理——制订计划来管理沟通是项目经理最重要的时
  间投入之一。虽然项目经理不愿意承认，但大多数项目都
  存在的情况是：更高效的沟通能避免很多问题。项目经理

必须了解利益相关者、项目团队和高层管理人员的信息需求和要求，以便在项目和组织内设计有效的沟通管理。总体而言，沟通管理计划概述了要有效和高效地传递哪些信息，如何以及何时完成信息传递，以及谁是合适的信息接收者。

- 风险管理——有讽刺意味的是，从规划的角度来看，风险规划是项目中最薄弱的领域之一。在大多数情况下，项目经理从被动的角度而非主动的角度来管理风险。主动识别高概率和高影响力风险事件意味着要识别它们，并制订行动计划。项目经理要确定可以使用哪些工具来进行风险识别、分析、优先级划分以及应急开发和实施。规划风险管理非常重要，因为它对项目的成本、进度、采购、人力资源和其他领域都有极大影响。

- 采购管理——采购管理计划明确了自制或外购和使用内外部资源合同类型的决策、供应商选择的流程，某些情况下还包括首件鉴定程序；它还界定了采购和批准的权限。

- 利益相关者管理——项目经理必须认识到，利益相关者是项目成功的重要组成部分，在制订计划以管理利益相关者的期望、信息需求和要求以及他们对项目的总体影响时必须格外用心。利益相关者可以是高层管理人员、项目团队人员或客户，每个人与项目的关系都不同，需要单独的管理计划。

如何使用项目管理计划

项目管理计划实际上是几个过程的汇总，项目经理使用这些过程高效地计划、组织、实施和控制所有项目活动。项目管理计划是项目经理用于记录如何进行项目过程的工具。在整个项目生命周期中，它作为项目工件，提醒项目经理和其他项目人员如何安排将要进行的过程。随着项目的进行，可以对项目管理计划进行变更，进一步阐明和定义过程细节。这些变更应通过相应的管理过程进行。

在确定了项目管理计划中将要开展的所有内容的概述后，应将其作为模板存档，为将来的项目提供参考。这通常由项目管理办公室执行，如果组织没有项目管理办公室，可以简单地由项目经理保存，然后在组织内每个项目开始时分发给相关人员。这是标准化项目记录、计划和控制方式的宝贵工具，可减少或消除项目规划阶段的错误。

在某些情况下，项目经理使用项目管理计划向其他项目人员传达有关计划如何管理和控制过程的详细信息。项目经理还可以使用项目管理计划作为项目人员之间的工具，以在整个项目生命周期的过程中保持一致性。在某些组织中，高级管理人员可能要求项目经理在实际开始活动之前提交项目管理计划。这是为了确保项目经理制订了管理计划，确定并记录了关键领域的控制，并在适当时与项目人员进行沟通，以确保项目的成功。

收集需求

制订完项目计划，并且确定了在项目生命周期中将要执行的所有过程，现在是项目经理开始定义和计划实现项目目标的工作活动的时候了。要开始此过程，项目经理需要整理信息，更具体地定义项目可交付成果。此过程称为收集需求。这一步似乎是在收集有关项目可交付成果的详细信息，但事实上项目经理需要确定有关项目其他领域和组织内项目环境的更多信息。

需求的定义

在许多情况下，收集需求被误解为要将所有需求收集到特定项目可交付成果中。事实上，除了在项目章程和工作文件中说明的内容，还要收集特定的细节，而且项目需求要求组织对项目进行更广泛的了解。这些更高级别的需求包括：

- 组织内部和外部的需求——内部需求包括组织的战略目标、高级管理层的认可、职能管理部门的合作、人力资源、设备和设施。外部需求包括客户的特殊条件、关键项目的供应商、特殊的合同服务以及必须满足的政府法律法规。
- 利益相关者需求——利益相关者需求可算作组织内部或外部的需求，更可以说是特定于对项目有影响或直接责任的个人。这些需求包括特定文档、分析结果、财务信息、关键市场的时机数据以及关键信息的有效沟通。

- 可交付成果需求——这些需求包括所有定义了对项目可交付成果的特定要求的详细信息。具体来说，包括所有功能、特性、性能规格、文档和预期的质量目标，也可以包括定期检查或客户批准的日期。

- 项目需求——这类信息包括项目经理的特殊需求，如项目管理软件、协助项目经理的特殊项目管理人员、对项目过程至关重要且必需的专业分析或产品的特定元素。根据项目复杂程度的不同，可能需要对现金流量、净现值、完工预算、专门风险以及投资回收期或投资回报率进行特殊财务分析。其他与项目管理相关的需求也可能对项目的成功至关重要，项目经理会把它们放在这类需求中。

需求信息的来源

根据项目规模和复杂性的不同，需求收集过程可能要确定几类需求。需求收集过程的范围很广，可以是高层次的，也可以是低层次的和具体的。这些信息是从哪里来的呢？实际上，项目经理必须检查已创建的文档，并保留需求信息的来源。项目经理还可以寻找组织内部和外部的其他资源以获得需求信息。在项目开发过程的这一阶段，以下方面或领域可提供相应的需求信息：

- 项目章程——项目章程概述了项目目标和可交付成果。组织功能、客户需求和期望等其他详细信息，以及总体的高级描述和定义，均可以为需求收集提供信息。

- 客户规范——客户提交的文档中包含对产品或服务可交付成果的特定描述，这可能是详细信息的重要资源，可用于需求收集。客户规范还可以提出其他要求，如可能需要的特殊设备、设施和人力资源。

- 工作说明书（statement of work，SOW）——如果没有书面形式的客户规范，则该文件可能是在项目章程制定过程中创建的，作为对项目将提供的产品或服务的叙述性描述。这份说明书可能不如客户规范那么详细，但具有足够的细节可用于需求收集。

- 利益相关者登记表——利益相关者登记表是在项目章程制定过程中创建的。它列出了项目中的关键利益相关者，还概述了他们的需求和要求、他们与项目的关系以及他们在项目中的权限级别。利益相关者登记表可以成为有关项目多个领域的重要信息来源，还可以包含特定于具体项目的知识、组织和市场内部或外部的项目或产品知识，以及行业知识和经验。

- 利益相关者管理计划——利益相关者管理计划是作为章程过程的输出结果而创建的。它包含利益相关者的其他信息，例如信息和沟通的需求和要求、项目的特定参与者和参与者的管理策略以及利益相关者期望的详细信息。虽然它主要是为如何管理项目中的利益相关者而设计的，但它也可以为项目经理提供在利益相关者登记表中找不到的可用于需求收集的信息。

- 主题专家（subject matter expert，SME）——如果无法从文档或项目的利益相关者那里收集到特定信息，项目经理可以征求组织内其他主题专家的建议。主题专家是具有与项目和/或产品或服务交付物有关的特定细节的知识或经验的人。我们通常建议大家寻找可以信任的和可靠的组织内部或外部的主题专家来获取特定信息，为需求收集提供准确详细的信息。

- 历史数据——如果组织曾有在类似条件下提供可交付成果的项目历史，那么这对项目经理来说就是非常有价值的信息。历史数据可以揭示项目计划的细节、工作活动、成本和进度结果、采购活动以及人力资源、设备和设施的使用。历史数据不仅可以显示员工的业绩，还可以揭示雇用的外部分包商的业绩。这些信息对于定义新项目的分包商的需求可能是有价值的。历史数据还可以显示吸取的经验教训，这有助于定义需求和避免犯之前的错误。项目经理通常可以从过去的项目中获取有价值的信息，这些信息有助于收集新项目的需求。

需求管理计划

在项目经理成功收集预期需求之后，下一步是记录对话和收集的其他信息，然后组织和存档所有需求文件。接着，项目经理概述需求管理计划，计划中要定义如何规划、实施和监督需求信息和活动。计划还要包括分配给需求活动的人力资源、预期结果、成本、进度和活动的优先级。需求管理计划为项目经理提供了可进行沟通的步骤，以确保关键的需求能够按时准确地完成。这份计划还可包括如何通过变更管理流程来变更需求，以及如何将其记录、控制并传达给适当的项目人员和利益相关者。

定义范围

在项目正式开始并且利益相关者和项目管理人员收集了其他信息和需求之后，就应该让项目经理着手将信息组织成实际工作计划，并详细说明如何开展和控制项目活动。完成项目章程后，项目经理已经掌握了大量信息，包括有关项目目标的高级信息以及来自客户规范的特定信息。项目经理还应该收集并组织工作说明书和其他信息，以使自己、项目人员和利益相关者对项目目标的范围有清晰的了解。要做到这一点，项目经理必须清楚地定义范围。

范围定义了所有由客户或组织对项目目标的期望所界定的所有操作或功能的边界。如果项目是因对产品或服务的需要而创建的，那么实际上会创建以下两件事：（1）产品或服务本身；（2）包含所有提供该产品或服务的活动的项目。因此，项目经理实际上要定义两个范围：产品范围和项目范围。

产品或项目范围

这里建议项目经理对各种定义进行清楚的区分，以使项目人员和利益相关者了解正在定义和控制的内容。除与项目相关的所有活动和过程外，项目经理还负责控制项目可交付成果（特定产品或服务）。定义范围时很重要的一点是利益相关者的期望，并且要了解实现这些期望所需的工作范围或程度。然后，项目经理必须明确要开发的产品或服务的边界和局限，以及项目生命周期过程中执行的工作量。

- 产品范围——这是指定义交付物的所有需要的规范。产品范围的定义本质上很特殊，通常来源于客户规范、工作说明书、行业标准或政府法规要求等信息。产品范围要确定边界，确保满足所有客户对可交付成果的要求，并控制关于可交付成果执行工作的范围，以免供应商过度开发非预期的产品或服务。

- 项目范围——这是指定义、实施、监督、控制和结束项目活动所需的所有过程。本质上，定义项目的范围可以很具体也可以很概括。项目既具有特定的工作活动和过程，又具有与利益相关者和环境因素相关的项目管理的一般性质。项目经理必须设定边界，不仅要弄清项目正在生产什么，还要弄清谁将参与项目。他还必须维持项目的规模和复杂性，并管理项目采购、设施和设备的使用以及人力资源和利益相关者。根据组织的结构和项目经理的权限级别，项目范围管理是项目经理最重要的职责之一，因此，项目经理可以有效地管理成本、进度和服务对象所需的可交付成果或服务的质量。

谁定义了范围?

我们已经知道必须定义两种类型的范围，这就产生了一个问题，即谁负责定义产品范围，谁负责定义项目范围。产品范围通常在初始文档（如项目章程和工作说明书）中概述，但会在项目启动之前，根据客户规范、合同和其他文档，以及与产品或服务有关的特定信息被进一步定义。大部分这类信息由客户提供和 / 或在供应商组织与客户之间进行协商。项目范围通常是项目文档、环境因素、组织过程以及为在项目生命周期中执行的过程之间建立边界所需的所有其他文档的汇编。根据组织结构中项目的大小和复杂性，项目经理负责开发项目范围。在规模较大、较复杂的项目中，由于必须分析和处理大量信息才能正确定义范围，项目经理可能会在其他项目人员定义各种过程的范围时寻求帮助。项目经理最终负责管理产品范围和项目范围。

项目范围说明书

对于已收集的概述产品和项目范围的大量信息，大部分将被汇编到一个名为项目范围说明书的文档中。项目范围说明书至少应包含以下项目信息：

- 项目目标；

- 项目成果；

- 产品范围；

- 工作分解结构（WBS）；

- 验收标准；

- 范围验证和控制程序；

- 减税款项；

- 监管要求；

- 内部或外部限制；

- 风险概述；

- 假设条件。

项目范围说明书也可以用于形成通用基准，这些通用基准用作创建项目活动计划以及确定工作活动边界的指南。项目范围说明书可能包含描述性文字以及表格、图形和图表的组合，来传达项目范围的详细信息。项目范围说明书的格式也需要使项目所有利益相关者都易于理解。项目范围说明书的示例如图 3 - 2 所示。

范围管理

项目范围说明书是项目经理用来控制项目范围的重要文档。随着项目开始和整个项目生命周期的发展，项目经理需要监督所有工作

项目范围说明书		
项目名称:		日期:
修订:	控制编号:	项目经理:
项目概述		
1. 目标:		
2. 成果:		
3. 定义项目范围:		
工作活动		
1. 创建工作分解结构:		
2. 创建项目基准:		
明细		
1. 监管要求:		
2. 假设条件:		
3. 限制条件:		
验收标准		
1. 审查要求:		
2. 测试标准:		
3. 确定验收标准:		
4. 范围验证过程:		
5. 范围控制过程:		
主要风险		
1. 确认主要风险:		
2. 应急事件范围:		
3. 定义触发点:		

图 3-2　项目范围说明书

活动和过程，以确保在项目范围说明书所概述的范围内开展工作。项目经理还应以项目范围说明书作为基准来处理变更请求或评估风险消除、缓解、应急或纠正措施活动。根据项目信息和通信结构的变化，可能会有一些非正式的变更请求。非正式的变更请求不受控制，可能导致额外的工作活动，所以不一定会被批准。这种情况称为范围蔓延。

范围蔓延的例子如，客户代表联系项目人员，想变更交付物的功能。如果这种变更没有通过变更控制流程通知项目经理，那么适当的利益相关者或项目人员可以评估该变更并提供建议。当然，这些变更可能导致成本增加、进度延迟以及对项目可交付成果的未经批准的变更等问题。项目开始后，不可避免地会有一些变更，项目人员应该接受对变更进行评估，但要适当地控制，以保护客户和供应商。项目经理会使用项目范围说明书或者变更控制流程来恰当地管理项目变更。变更需求可能以产品或服务调整的形式出现，也可能来自组织内部或外部的其他领域，包括：

- 文档更新；
- 项目管理计划更新；
- 工作绩效信息；
- 通过变更控制流程进行变更请求；
- 组织过程更新；
- 监管要求。

项目具有多个信息输入区域，这些区域不仅会影响正在开发的产品或服务，还会影响为产生可交付成果而执行的过程。项目经理有责任确保建立有效和高效的变更控制流程，并且所有的利益相关者、项目人员、供应商和客户都应意识到通过变更控制流程管理变更的重要性。项目经理必须了解创建项目范围说明书和有效的范围管理计划的重要性，这是在项目规划的早期进行项目控制的第一步。

工作分解结构

项目经理现在已经掌握了项目章程和工作说明书概述的项目总体思想、项目可交付成果和项目过程的详细信息，以及定义项目范围和所提供的产品或服务的信息。现在，我们将重点转移到提供项目目标中的产品或服务所需的工作活动、资源、成本和进度安排。由于要开发的项目和产品或服务的规模与复杂性不同，理解和组织生产交付物所需的所有工作可能是项艰巨的任务。

创建工作分解结构（work breakdown structure，WBS）的过程始于了解如何将顶级的项目构想（产品或服务）正确分解为较小的部分，以及这些部分要分解到什么程度才可以在工作包的级别上理解实际的工作活动。这里建议项目经理寻求主题专家的建议，了解如何将产品或服务正确地分解为较小的部分。在某些情况下，在特定行业中拥有相关知识和经验的项目经理可能会了解如何划分工作包。但项目经理也可能并不是特别了解产品，主题专家的建议可以帮助他们正确地分解产品或服务，直至分解到工作包级别。

工作分解至关重要，它定义了所需的工作，是项目活动计划的初始基础。项目活动计划中显示了成本、进度估算、人力资源、设施和设备需求的详细信息。如果不能正确分解，很可能无法有效进行项目成本和进度估算，甚至错误地定义项目可交付成果，导致无法有效完成项目目标并给客户和供应商带来负面影响。为了正确、彻底地分解项目可交付成果，项目经理可以使用一种功能强大的辅助工具：活动分解决策树。

活动分解决策树

将大型项目分解为较小部分的原理与逆向工程类似，要先了解哪些部分可以组合在一起，以及它们之间的关系。这项任务可能很困难，必须先将要完成的项目可视化，然后再将其分解。因为大多数项目在开始时已有定义好的目标或可交付成果，所以几乎不可能理解它们的内在原理。项目经理可以使用活动分解决策树来分析如何将完成的交付物分解为最小的部分。

决策树分析从最终交付成果之类的组件开始，分析是否可以分解它。如果可以分解，可以分成几个部分？用什么做标记？如果不可以分解，就得到了最小的组件（工作包活动），分解活动停止，如图 3 - 3 所示。

随着组件的进一步分解，出现了工作分支。在讲解工作分解结构时我们提到，工作分支被用来定义工作的各个子级别。这个过程一直持续到所有分支都被分解为最低级别的工作包，如图 3 - 4 所示。

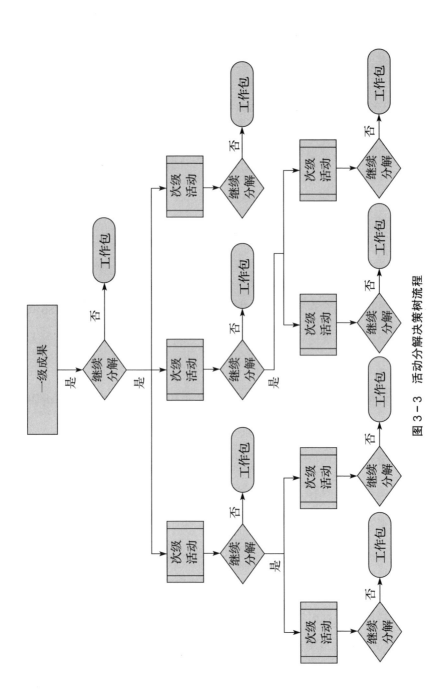

图 3 - 3 活动分解决策树流程

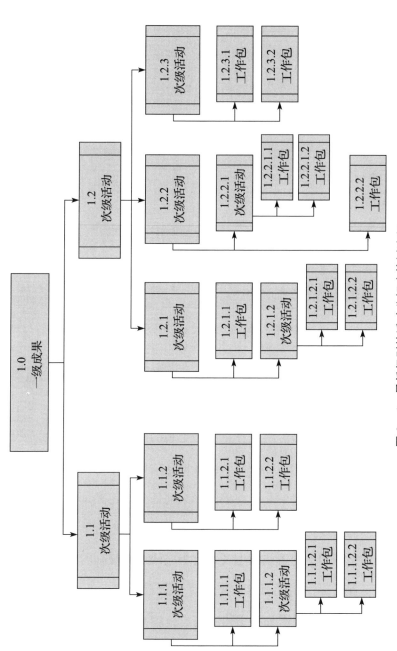

图 3 - 4 最低级别的活动分解决策树流程

创建工作分解结构

想要创建工作分解结构，项目经理必须确保完成特定的流程并创建文件，这是在工作分解结构中组织工作活动的前提。项目经理可将以下文件作为输入信息：

- 项目章程；
- 客户规范；
- 工作说明书；
- 需求文档；
- 项目范围说明书。

下一步是创建主大纲。对于仅需要几个处理步骤的简单项目，在一张纸上手写就可完成。对于较复杂的项目，建议首先选用适当的软件（如 Microsoft Excel 或 Microsoft Project）来有效管理将要组织的所有信息的细节。将工作分解为更小的组成部分，重要的是设法了解如何以最小的工作量最大限度地获取成本计划和资源计划的详细信息。同样重要的是，要搞清楚某项任务是不是只能在完成前一项任务之后才能开始。如果是，那将产生前置或后继要求。在工作活动的组织中，前置或后继要求会为完成更高级别的工作施加限制因素。第 5 章"活动排序"将更详细地讨论这个问题。图 3 - 5 使用 Excel 演示了工作分解结构的基本分解结构，并包含所需级别的详细信息以及级别的正确标记（基于图 3 - 4 中的信息）。

任务 （Task）	工作分解 结构码 （WBS Code）	项目任务 （Project Tasks）	工期 （Durations）	前置活动 （Predecessor）	资源 （Resources）
1	**1**	**项目名称** （**PROJECT NAME**）	共 74 天 （**74 Days Total**）		
2	**1.1**	**第一个次级活动** （**First Sublevel Activity**）	共 29 天 （**29 Days Total**）		
3	1.1.1	低层分解次级活动 （Lower divided Sublevel Activity）	13 天 （13 Days）		
4	1.1.1.1	低层工作包 （Lowest Level Work Package）	8 天 （8 Days）		名称 （Name）
5	1.1.1.2	低层分解次级活动 （Lower divided Sublevel Activity）	5 天 （5 Days）		
6	1.1.1.2.1	低层工作包 （Lowest Level Work Package）	3 天 （3 天）	4	名称 （Name）
7	1.1.1.2.2	低层工作包 （Lowest Level Work Package）	2 天 （5 Days）	6	名称 （Name）
8	1.1.2	低层分解次级活动 （Lower divided Sublevel Activity）	16 天 （16 Days）		
9	1.1.2.1	低层工作包 （Lowest Level Work Package）	9 天 （9 Days）	7	名称 （Name）
10	1.1.2.2	低层工作包 （Lowest Level Work Package）	7 天 （7 Days）	9	名称 （Name）
11	**1.2**	**第二个次级活动** （**Second Subtask**）	共 45 天 （**45 Days SubTotal**）		
12	1.2.1	低层分解次级活动 （Lower divided Sublevel Activity）	5 天 （5 Days）		
13	1.2.1.1	低层工作包 （Lowest Level Work Package）	2 天 （2 Days）	10	名称 （Name）
14	1.2.1.2	低层分解次级活动 （Lower divided Sublevel Activity）	3 天 （3 Day）		
15	1.2.1.2.1	低层工作包 （Lowest Level Work Package）	1 天 （1 Day）	13	名称 （Name）
16	1.2.1.2.2	低层工作包 （Lowest Level Work Package）	2 天 （2 Days）	15	名称 （Name）
17	1.2.2	低层分解次级活动 （Lower divided Sublevel Activity）	30 天 （30 Days）		
18	1.2.2.1	低层分解次级活动 （Lower divided Sublevel Activity）	22 天 （22 Days）		
19	1.2.2.1.1	低层工作包 （Lowest Level Work Package）	10 天 （10 Days）	16	名称 （Name）
20	1.2.2.1.2	低层工作包 （Lowest Level Work Package）	12 天 （12 Days）	19	名称 （Name）
21	1.2.2.2	低层工作包 （Lowest Level Work Package）	8 天 （8 Days）	20	名称 （Name）
22	1.2.3	低层分解次级活动 （Lower divided Sublevel Activity）	10 天 （10 Days）		
23	1.2.3.1	低层工作包 （Lowest Level Work Package）	7 天 （7 Days）	21	名称 （Name）
24	1.2.3.2	低层工作包 （Lowest Level Work Package）	3 天 （3 Days）	23	名称 （Name）

图 3-5　Excel 表中的基本工作分解结构

如图3-5所示，层次结构编号系统定义了工作活动的每个级别。这种编号系统一般从最高级别（级别1.0）开始标识项目标题或顶级组件，然后使用较低级别组件的小数等效项继续向下分解，如第二级工作活动（1.1，1.2，1.3，等等），继续进行至第三级工作活动（1.1.1，1.2.1，1.3.1，等等），然后至第四级工作活动（1.1.1.1，1.2.1.1，1.3.1.1，等等），直至最低级别的工作包活动。这种小数分解法通常用于标识级别，如图3-6中的MS Project界面所示。

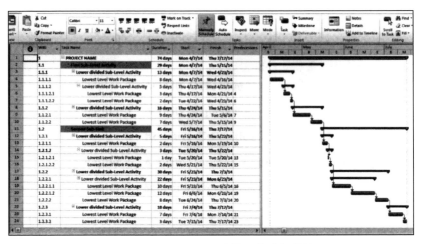

图3-6　MS Project中的工作分解结构

后面的章节会介绍项目经理采取的几个步骤来定义成本、进度要求和工作活动的资源分配。创建了基本大纲之后，项目经理必须检查工作活动的细目分类，以确保它们代表了最低级别的工作水平，保证这种分解是准确和正确的，且要确认所有订单要求的顺序以及前置或后继的要求。这是项目开发中的关键步骤。建议大家用较多的时间来审查工作分解结构中的细节，因为项目的其他部分将基于这个结构进行。

■ 思考与讨论

1. 讨论项目经理该如何使用项目管理计划。

2. 解释产品范围和项目范围的区别。

3. 讨论项目经理如何管理项目范围。

4. 活动分解决策树的主要功能是什么?

5. 为什么要将可交付成果分解至最小的组成部分?

项目进度分析

项目进度计划的制订属于项目生命周期中的计划阶段。在开发新项目的这个时点，利益相关者和项目经理有足够的信息来理解项目目标和所需的项目可交付成果。项目经理和其他工作人员也是从这个时候开始获取一些过程中的细节信息来帮助他们了解所需的具体工作：分析人力资源、设施和设备的调度；购买材料的信息；计划定期检查的日期和项目可交付日期。本书第 2 部分概述了特定的活动定义和排序、资源和工期估算，以及制订主进度计划的过程和工具。

规划进度管理

项目计划阶段的主要成果是完成项目目标所需的所有工作的主进度计划。对大多数项目而言，无论规模大小，都需要大量的工作和信息统筹来完成主进度计划。项目经理必须牢记，信息统筹是开发项目和有效管理项目的关键，而信息统筹仅通过计划和记录信息来实现。定义活动的过程中会出现创建项目进度计划所需要掌握和统筹的大量信息和细节；这项任务是通过进度管理计划完成的。

规划进度管理并不是指创建进度计划本身，而是指项目经理对于将使用哪些工具来收集和记录信息以定义工作活动以及制订项目进度计划的初步想法。根据组织的规模以及项目的规模和复杂性，项目经理可以使用自己的方法独立进行这些操作。在某些情况下，项目管理办公室可能有标准化的流程，组织中的所有项目经理都将使用此流程来制订初始进度计划。一些组织会组建一个由项目经理组成的小型经理团队，用来定义初始项目结构和报告的协议。规划进度管理至少应包括以下内容：

- 用于分解和组织工作活动的项目管理工具；

- 关键人物的信息；

- 准确有效地记录收集的信息的方法；

- 用于记录项目的度量单位（小时、周、月）；

- 进度估算技术；

- 调度方法；

- 用于监督和衡量项目绩效的工具；

- 报告格式和协议。

确定好上述内容之后，项目经理可以将其当作一个标准化的准则来收集和记录信息以及制订项目进度计划。这份文件还可以用于定义组织中未来项目的进度规划过程。同样重要的是，组织中负责项目管理的个人必须了解在整个组织中将这些流程标准化的重要性。随着相关过程的推进，需要对其进行审查和持续改进，这有助于项目经理高效地开发准确有效的项目排期和进度管理技术。

第 4 章

活动定义

在项目创建和信息收集及定义总体目标的过程中，通常会产生对项目可交付成果的定义，但很少会对生产该可交付成果所需的细节层次进行定义。项目经理制订项目计划的下一步是要将可交付成果细分为几个要完成的实际工作的子部分。这要求他将工作活动细分为最小的组成部分，以收集尽可能多的详细信息来定义每个工作活动的特征。

项目经理要花很多时间来管理成本和资源，并对该项目每天的工作作出安排。只有对这些工作活动有充分的了解，才能有效地完成这些工作。除此之外，项目经理还要制订详细计划来表明工作活动的顺序和分配给每个活动的资源，以有效管理资源分配和创建可交付项目。工作活动还包括以不同的责任级别分配人力资源。项目经理必须制订计划来统筹有关的人力资源、项目参与、工作活动和权限级别的信息。通常来说，项目经理会使用一种组织工具来明确人力资源的职责，并与利益相关者和项目人员就安排的工作活动进行沟通。

活动定义是项目生命周期中最关键的一步，因为它不仅定义了项目可交付成果的细节，而且定义了实现项目目标所需的所有工作活动的结构。重要的是，项目经理和项目工作人员必须分配足够的时间和资源来定义工作活动的细节，并正确描述每个工作活动的特征，以使项目计划更加全面高效。本章概述了用于定义工作活动、记录和追踪人力资源责任以及在管理项目中安排规划工作活动的几种工具。

活动分析

在项目可交付成果的分解中，最重要的一步是项目经理要确保将工作分解为最小的部分。这些组成部分称为工作包，被项目经理用来定义每部分工作所需的详细信息。现在，我们要分析单个工作包活动，以确定项目经理构建项目进度和预算所需的关键信息。

项目经理要开发工具来确保流程能被正确、完整和一致地执行。项目经理应分析每个项目的工作活动，这样才能从中获得关键信息。第3章"规划过程"中介绍的活动分解决策树就是一种过程工具。这个过程旨在将可交付成果进行系统划分，把其分

解为最小的组成部分。这就是活动定义的第一步：定义最小的
活动。

项目经理可以使用的第二个工具是活动信息清单（见图 4 - 1）。
项目经理要对自己每天管理的信息负责，并有可以提醒每日事项的
工具，这在项目管理等繁忙的环境中非常有价值。活动信息清单只
用于提醒自己每个工作活动将收集哪些信息，这样项目经理就可以
拥有正确定义、排序、安排工作活动和制定预算所需的所有信息。
虽然鼓励项目经理自己个性化地开发这种工具，但活动信息清单至
少应包含以下信息：

- 标识符——工作包的标签或名称；

- 描述——要执行的活动的简短描述；

- 所需材料——此活动需要购买的所有材料；

- 工作活动——要执行的实际工作，如"编写软件代码""浇筑
  混凝土""设计印刷电路板""设计机壳"；

- 人力资源——开展活动所需的人力资源；

- 设备 / 设施——所需的任何设备以及有特殊用途的设施
  空间；

- 工期——完成活动所需的时间估计；

- 活动成本——完成一项活动的总成本估算；

- 前置活动——开展一项活动前必须完成的任何工作活动；

- 风险——可能对项目预算或进度产生重大影响的主要风险。

活动信息清单	
项目名称：	
姓名：（收集信息的人）	日期：
工作活动名称：	
工作分解结构码：	活动变更：
交付成果描述：	
所需工作活动：	
1.	
2.	
3.	
4.	
所需材料：	
1.	
2.	
3.	
4.	
所需人力资源：	
1.	
2.	
3.	
4.	
所需设备/设施：	
1.	
2.	
3.	
4.	
总成本：	总工期：
主要风险：	前置活动：
1.	1.
2.	2.
3.	3.

图 4-1 活动信息清单

　　使用简单的活动信息清单可以确保项目经理不会遗漏关键信息，有助于在该项目中的所有工作活动以及组织内其他项目的信息收集过程中建立一致性。既然项目经理已经有了一个简单的清单工具，可以用来收集工作包的信息，下一步就是收集这些信息了。

活动信息收集

　　诸如活动信息清单等简单的工具可以帮助项目经理明确需要为每个工作包收集哪些信息。协助项目经理收集信息的项目管理人员和其他项目工作人员必须意识到，这一步是项目启动阶段最关键的步骤之一，应认真对待。这些人应该具备收集信息的能力，并且要明白正确、完整和准确的信息的重要性及其对项目的影响。为了正确完成这一过程，项目经理和 / 或利益相关者需要考虑三个用于成功收集信息的关键问题：

　　谁在收集信息？第一个关键问题是要选择具备在工作包活动中收集信息的知识、背景和经验的人员。这对于信息收集至关重要，因为信息收集者需要能够识别哪些信息非常重要以及要获取多少信息，还要能够验证信息的准确性。这些人还应该了解可靠准确的第一手信息的最佳来源。项目经理必须意识到让称职的人员来执行此过程的重要性，以及该过程对整个项目的最终影响。

　　从哪里收集信息？第二个关键问题是要知道可以从哪里收集信息，因为信息的准确性和完整性是制定项目成本、进度和定义项目可交付成果的细节的基础。定义工作活动所需的所有信息都可以某种方式在某处获得，但是收集这些信息的个人必须知道在哪里以及如何才能获得可靠准确的信息。称职的收集工作活动信息的个人应该知道第一手信息的价值。虽然第一手信息很难获得，但与第二手或第三手信息相比，第一手信息通常更加可靠。其他信息来源，如组织内部的存档信息和网络信息，也应由合格的信息收集人员进行同样的审查。审查的重点首先在于确定来源的可靠性，然后确定数据的准确性和完整性。比较可靠的信息来源如：

- 客户规范；
- 工作说明书；
- 范围说明书；
- 主题专家；
- 组织的数据库（归档项目和"经验"文档）；
- 国家和地方的监管文件。

信息的准确性和完整性如何？信息收集的第三个关键问题是信息本身，以及如何通过信息的相关性、准确性和完整性正确定义工作包活动。项目经理要明白，为工作包收集的信息是收集信息的人和信息来源的产出。收集信息的个人最终有责任确定何时收集了足够的信息，并且要对提供完整准确信息的信息来源的可靠性感到满意。

活动组织

项目经理开始收集有关特定工作包的信息的同时，也需要组织信息。这样便于项目经理、利益相关者和项目团队查看和 / 或将其用于项目开发、项目管理以及细节信息和工作分配的沟通。如第 3 章所述，在将项目可交付成果分解为最小的组成部分并收集信息以定义特定的工作包活动之后，项目经理可以使用诸如工作分解结构之类的工具来组织特定的工作包并记录工作活动信息。

组织项目活动不仅涉及定义和记录特定工作活动在项目结构中的位置，还涉及组织与特定工作包活动相关的细节信息和外围项目。项目经理也要做到对工作中每个人的分工心中有数，他可以亲自监督工作，也可以指定他人来监督执行该活动的团队。一些项目中可能只有以个人为单位的工作包，而另一些项目中可能包含执行该活动所需的若干人力资源以及材料和设备的多个工作包。因此，必须从两个级别设计活动组织：工作包活动级别和总体项目级别。

活动级别——在某些情况下，一项特定的工作包活动可能只需一个人执行，只需要很少的材料或设备。在另一些情况下，工作活动可能需要好几个人来完成涉及材料、设备、设施的使用和采购以及可能的分包商的工作，所有这些工作都必须在该特定工作包内组织和管理。项目经理必须了解每个工作包要求的工作范围，以便组织所有资源、材料和设备，正确有效地完成工作。项目经理可能必须协调组织内多个部门的行动以及组织的外部资源需求，以使工作活动无缝进行，尽量减少调度冲突。

项目级别——项目经理要使用诸如工作分解结构之类的组织工具，必须按顺序组织工作活动，以正确的顺序完成工作包进而完成更高级别的项目部分。如活动分解决策树中所述，首先要完成的是较小的工作，然后把它们合并在一起以构建项目可交付成果的较大部分。项目经理必须确定工作包的排序，并制定工作的无缝衔接顺序，逐步完成可交付项目。

项目经理还必须确定并协调所有的外围活动来完成工作包，例如，采购和交付进度、设备和设施的调度、组织内可用的人力资源的调度以及在有必要时外包的外部资源。因为其中一些资源需要合同谈判，所以这些活动必须在项目有需要之前就开始，以确保所有细节在需要之前已经解决。采购领域通常会遇到库存不足、交货时间长以及无法按时交付等难题。工作分解结构可以帮助项目经理直观地展示按时间顺序组织的项目中需要进行的所有工作活动。因此，项目经理可以根据对时间要求较高的关键任务来完成工作，以使项目活动按预算和计划进行。

工作分解结构中的活动定义

项目经理最初会使用工作分解结构来统筹规划所有分解为最小组成部分的工作活动。工作分解结构这个工具可以直观地表示产生项目可交付成果所需的工作顺序，项目经理可以据此通览整个项目生命周期中所需的所有外围项目的全貌，更好地完成工作活动。如

前所述，许多项目需要在开始之前就确定顺序，因此项目经理需要
知道何时必须处理哪些关键的外围项目，以便在工作需要时准确完
成。图 4 - 2 是一个工作分解结构的示例，其中包含项目活动和外
围项目，项目经理可以在开始之前对它们有一个宏观的理解。

1.0		建造房屋（Build House）
1.1		初始工作（Initial Work）
	1.1.1	制订计划（Develop Plans）
	1.1.2	获得许可（Get Permits）
	1.1.3	获得资金（Secure Funding）
1.2		地基（Foundation）
	1.2.1	平整地面（Level Ground）
	1.2.2	地基标记（Foundation Markers）
	1.2.3	挖沟（Dig Ditches）
	1.2.4	安装模具（Install Forms）
	1.2.5	安装子管道（Install Sub-Plumbing）
	1.2.6	安装子电路（Install Sub-Electrical）
	1.2.7	安装钢筋（Install Rebar）
	1.2.8	检查（Inspection）
	1.2.9	浇筑地基（Pour Footings）
	1.2.10	浇筑混凝土地基（Pour Slab Foundation）
1.3		框架（Framing）
	1.3.1	构架墙（Frame Walls）
	1.3.2	安装屋架（Install Roof Trusses）
1.4		电气布线（Rough Electrical）
	1.4.1	安装主配电盘（Install Main Panel）
	1.4.2	安装配电箱（Set Boxes）
	1.4.3	拉线（Pull Wire）
1.5		管道布线（Rough Plumbing）
	1.5.1	安装地下排水管道（Install Sewer Drains & Vents）
	1.5.2	安装铜线（Install Copper Lines）

图 4 - 2　工作分解结构的活动和外围项目

在工作分解结构中安排项目工作活动并确定工作活动的顺序后，就可以记录在每个工作活动中收集的信息和细节了。可以通过不同的方式来记录工作活动的信息。这里的讨论包含了项目经理可以使用的两个简单工具：Microsoft Excel 和 Microsoft Project。

此处简单介绍如何在工作分解结构中使用 Microsoft Excel。使用该工具时有两种方式来记录每个活动的信息。如果只记录很少的信息，可以采用在工作活动上添加备注的方式。如果必须为该活动列出更多信息，如客户规范、图纸和其他更详细的信息，则可以使用超链接转到另一个工作簿页面，该页面将为有关该活动的此类信息提供更多的空间，如图 4-3 所示。

项目经理可以使用的另一个工具是 Microsoft Project。下面的例子展示了一个简单的工作分解结构以及如何在 Microsoft Project 相应的活动信息位置中记录详细信息。Microsoft Project 可用于管理项目，因为它不仅可以记录活动和这些活动的背景信息，而且便于进行项目监督和控制，还具备图形、图表和报告的显示功能。如果项目经理尚不知道组织是否已经使用此软件，最好现在就查询组织是否已经购买包含项目管理功能的软件。Microsoft Project 是在组织内标准化项目管理文档的方式之一。如果组织现在没有可以执行这些功能的软件，可以购买相对便宜的独立软件包，如 Microsoft Project。

在图 4-4 所示的例子中，Microsoft Project 显示了可以记录项

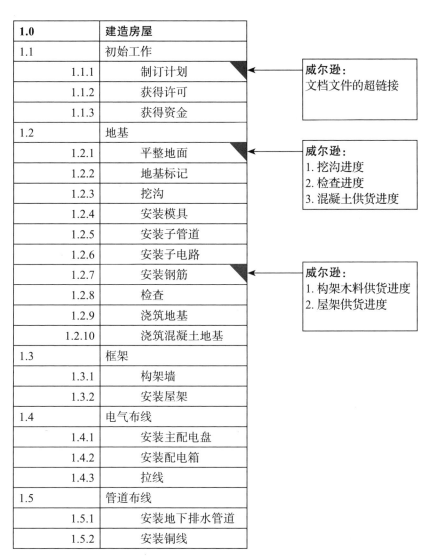

1.0		建造房屋
1.1		初始工作
	1.1.1	制订计划
	1.1.2	获得许可
	1.1.3	获得资金
1.2		地基
	1.2.1	平整地面
	1.2.2	地基标记
	1.2.3	挖沟
	1.2.4	安装模具
	1.2.5	安装子管道
	1.2.6	安装子电路
	1.2.7	安装钢筋
	1.2.8	检查
	1.2.9	浇筑地基
	1.2.10	浇筑混凝土地基
1.3		框架
	1.3.1	构架墙
	1.3.2	安装屋架
1.4		电气布线
	1.4.1	安装主配电盘
	1.4.2	安装配电箱
	1.4.3	拉线
1.5		管道布线
	1.5.1	安装地下排水管道
	1.5.2	安装铜线

威尔逊：
文档文件的超链接

威尔逊：
1. 挖沟进度
2. 检查进度
3. 混凝土供货进度

威尔逊：
1. 构架木料供货进度
2. 屋架供货进度

图 4-3 使用活动、备注和超链接的工作分解结构

目工作活动信息的不同信息区域。例如，其中的某些区域（如"任务信息"窗口）可以包含有关人力资源、外部分包商、前置活动和特别说明的非常详细的信息。

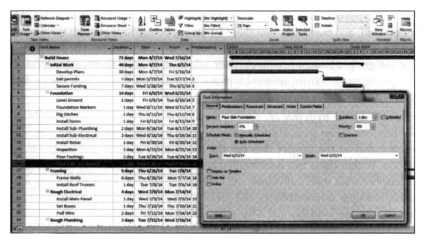

图 4-4 工作分解结构中使用 Microsoft Project 和标题的活动

收集和记录信息的重点在于，项目经理对每个工作活动了解的信息越多，项目团队就越有信心能够完全正确地执行该活动。以有组织的、有效的形式记录项目活动信息，为项目经理提供了一种监督和控制工作活动的工具，确保其按时、按预算完成。以组织内存档的形式记录活动信息对新项目也有好处，它既可以作为新信息的参考，又可以从"经验"文档的角度进行分析。

责任分配

项目信息收集过程的一个重要组成部分是定义和阐明参与该项目的所有项目人员和利益相关者的责任。由于要为一些工作活动确定人力资源，因此必须对分配给每个人的责任进行记录并进行有效沟通。项目经理会在管理人力资源的日常活动中花费大量时间。因此，对于管理资源而言，利用工具来确认已分配给某些个体的职责非常有价值。

项目涉及不同类型的人力资源，如利益相关者、项目人员和客户，但是这些类型标签在项目中可能会造成混淆，因为某些人可能同时拥有几种不同的身份。有一种对人力资源、他们在项目中的角色、他们的权限级别以及分配给他们的特定工作活动进行分类的工具，对于项目经理和参与该项目的所有人员都是必要的。

在讨论用于组织人力资源责任的工具之前，我们必须首先查看到目前为止已在项目上收集和记录的有关资源的两个信息领域：利益相关者登记表和工作活动信息。在这两个文档中，项目经理可以获取信息来了解个人将在项目中扮演什么角色。为了帮助对人力资源责任进行分类，项目经理首先需要定义可用的人力资源及其将承担的责任。

责任定义

在收集有关项目所需的人力资源信息时，项目经理会发现有必要根据一般参与和责任或特定工作活动对这些资源进行分类。分类的首要标准是定义直接参与或间接参与。直接参与的人力资源如：

- 项目经理；
- 项目团队（具有特定工作任务的所有个人）；

- 直接参与的利益相关者；

- 外部人力资源。

一些人力资源实际上不从事工作活动，但会参与项目。这些人力资源包括管理人员、执行人员以及涉及提供或需要项目信息的人员。项目还可能在组织内部和外部拥有许多支持人员，他们可能没有直接和特定的工作活动，但发挥着支持功能，如：

- 质量保证人员；

- 制造工程人员；

- 设计工程人员；

- 行政、会计和人力资源部门的人员；

- 运输和收货人员；

- 法律咨询和合同谈判人员；

- 职能经理、主管或负责人、可以为指导和培训以及项目活动的额外信息提供指导的人员。

大多数组织涉及多种类别的资源，项目经理必须在项目生命周期中管理这些资源，并且有必要建立一种规划所需资源和资源类别的方法。通过直接参与责任规划人力资源时，需要创建一个描述人力资源在项目中所起作用的总体类别。图 4－5 例示了一个电信项目的资源评估，在这个例子中，项目经理定义了将使用的总体人力资源类别。

资源评估 资源类型	所需数量	工期			技能水平				雇用类型			
		单个活动	多个活动	整个项目	初级	中级	专业的	管理的	内部	合同制	提前安排	待命
电气工程领导	1			✓				✓	✓		✓	
电气设计工程师	4		✓			✓	✓		✓		✓	
管理设计工程师	2		✓			✓	✓		✓		✓	
软件工程师	3		✓			✓			✓		✓	
工程技术员	2			✓			✓		✓		✓	
工程装配员	2		✓			✓			✓		✓	
测试架工程师	1		✓				✓		✓		✓	✓
测试技术员	2			✓		✓			✓		✓	
进货检验员	1		✓			✓			✓			✓
包装工程师	1	✓				✓				✓		✓
质量工程师	1		✓				✓		✓			✓
新产品引进工程师	1		✓			✓			✓		✓	✓
营销经理	1		✓			✓		✓	✓			✓
销售经理	1		✓			✓		✓	✓			✓

图 4 - 5　资源评估

项目经理确定所需人力资源的总体类别之后，就应该对工作分解结构中确定的实际人员进行评估，并开发一种工具来组织人力资源信息、进行分类，然后对人员和责任进行分配。可以使用责任分配矩阵来完成此任务。

责任分配矩阵

记录和组织人力资源及其职责的最佳方法是使用责任分配矩阵（responsibility assignment matrix，RAM）。每个项目经理都可以根据项目的规模和所涉及的人力资源的不同来个性化地使用这一工具。一些设有项目管理办公室的组织可能具有项目经理可以使用的标准化责任分配矩阵模板。通过诸如"P = 主要责任"和"S = 支持角色"之类的字母指代，这项工具可用于阐明谁承担哪种责任。

另一种类似的工具是执行、负责、咨询和知情（responsibility, accountability, consultative, and informative，RACI）矩阵。这一工具也包含字母标记，用于在项目的每个点上标识角色和责任，但也包括咨询和报告角色：

R = 执行；执行人是被分配了工作活动的人（做工作的人）

A = 负责；负责人验证工作活动的完成情况，进行签核和确认

C = 咨询；咨询人是可以征求信息或决策的主题专家或利益相关者

I = 知情；知情人是需要了解工作活动状态的项目人员、利益相关者或管理人员

图 4 - 6 是这种工具的一个示例。

RACI 矩阵		人力资源							
工作分解结构	工作活动	所有者/发起人	项目经理	财务经理	销售经理	设施经理	采购经理	存货控制经理	承包商
1.1	**商业计划**								
1.1.1	概念设计	R	A	C	C	I	I	I	
1.1.2	商业结构	R	A	C	C	I	I	I	
1.1.3	开发计划	R	A	C	C	I	I	I	
1.2	**选址**								
1.2.1	需求评估	R	A	I	C	C		C	
1.2.2	评估位置	C	A	C	C	R		I	
1.2.3	最终选择	R	A	I	I	C		I	
1.3	**增建设施**								
1.3.1	与承包商沟通	C	A	I	I	R	I	I	C
1.3.2	获得建造许可	I	A	I	I	C	I	I	R
1.3.3	建筑扩建	C	A	I	I	C	I	C	R
1.4	**取得所需存货**								
1.4.1	明确所需存货	C	A	I	R	I	I	C	
1.4.2	购买所需存货	I	A	C	I	I	R	I	
1.4.3	存货地点	I	A	I	C	C	I	R	

图 4-6 执行、负责、咨询和知情（RACI）矩阵

责任分配矩阵简单易用，是项目经理用来在整个项目生命周期中管理人力资源并与利益相关者和项目团队有效沟通责任的强大组织工具。项目经理还可能发现，如果没有明确定义和沟通项目人员和利益相关者的角色和责任，可能会造成一些问题。例如，有些人可能认为自己有更大的责任和权力，但实际上并没有，而应该承担更多责任的其他人却不知道自己的角色。诸如责任分配矩阵之类工具的重要性在于，它们不仅负责沟通角色和责任，而且是监督和控制个人以确保他们按预期执行的高效工具。

工作权限

在完成对项目中涉及的所有人力资源的评估之后，项目经理必须清楚地沟通每项职责具有的权限。权限的管理方式在很大程度上取决于组织的结构，且形式各有不同。

组织结构权限

设有项目管理办公室的组织通常有为项目经理建立的用于给人力资源分配个人责任的权限结构。如果组织没有项目管理办公室，一般来说要由项目经理和高层管理人员共同确定项目中的个人将拥有什么权限。组织通常根据组织结构来管理工作权限。接下来，我们会研究三种类型的组织结构以及如何从项目的角度授予权限。

职能式组织

一般来说，人们根据不同的组织结构对工作权限进行不同的管理。对于采用传统部门结构的职能式组织，大多数情况下都是由职能经理来履行工作权限分配的责任。职能经理有权管理人力并对工作活动、采购以及设备和设施的使用等作出决策，项目经理借此来协调各种人力资源。这种类型的结构对项目经理来说可能是一种优势，因为工作权限的唯一责任者是职能经理，他们经过培训并定期进行工作权限分配。但对于在这种类型的项目环境中对部门几乎没有权限的项目经理而言，这可能是不利的情况，他们可能会因为工作活动安排、人力资源分配、关键采购以及设备和设施使用而与职能经理发生冲突。

项目式组织

项目式组织可能有几个传统部门（如人力资源、会计和工程部门）作为支持，但是它们仅在项目经理拥有完全权限的项目结构之外运作。在这种类型的结构中，项目中的个人被分配工作权限来管理项目中的特定区域。对于项目经理而言，这是一大优势，因为他可以为了调度、采购和设施与设备的使用完全控制所有人的决策。但有一个缺点，那就是不一定能找到既有领导或管理经验又能放心授权他们办事的工作人员。

矩阵式组织

以项目与其他业务相结合的方式开展业务的组织会让项目经理

监督项目，项目经理的权限级别由高层管理人员预先确定。项目经理由被授权的个人以及部门和职能经理担任。对于项目经理而言，这类结构的优势在于通常可以选择具有技能和经验并具有权威的人员，组织中个人和职能部门的结合也有一定的优势。

明确权限

对于工作分解结构中定义的工作包活动而言，各个组成部分都需要项目经理某种形式的授权。责任评估将为个人分配各种类型的权限。有几种通用方式来界定权限的类型：

调度——调度的权限分为两大类：人力资源和设施/设备。人力资源调度高度依赖于组织结构。在职能式组织中，职能部门的经理管理人力资源调度。而在项目式组织中，人力资源的管理和调度通常由项目经理完成。在这种环境下，个人在完成任务时会从一个项目转移到另一个项目，并由项目经理进行相应安排。在矩阵式组织中，通常由职能经理和项目经理共同执行调度的协调工作。

工作活动——工作活动的权限属于任何监督工作活动的负责人。职能经理、项目经理，以及其他组织管理人员和外部分包商都属于被授权开展工作活动的人。

支出——组织财务资源的权限通常由组织的执行管理层和/或会计部门规定。财务资源可以采用公司授信额度、每月现金流量以及部门内部的零用金等形式。在大多数情况下，管理层或会计办公

室的工作人员会确定谁有财务支出权，并根据责任级别和 / 或个人
确定允许的最高额度。

　　合同谈判——通常来说，这一权限经常在组织中被低估。合同
谈判的两大主要组成部分是合同的类型及其范围。有些合同可能很
简单，如租用少量设备进行工作活动；也有一些范围更大的合同，
需要大量与谈判内容相关的信息和财务知识。对于项目经理来说，
最好的方法是征集合同谈判中经验丰富人员的意见，避免使项目或
组织面临财务风险。项目经理应了解项目中的所有合同，控制项目
生命周期中的所有合同谈判和谈判中涉及的人数，确保协助达成互
利的合同条款。

　　变更控制——所有项目都会在一定程度上经历变更要求，项目
经理应确保有适当的变更控制流程。变更控制流程中的个人或团队
必须正确分析所有信息并相应地进行权限变更。项目经理应注意不
要退出变更控制流程，也不要仅凭自己的判断来批准变更，因为这
样做会影响项目进度、预算和可交付成果的质量。

　　风险突发事件——项目偶尔会遇到在项目风险管理系统中已确
定的风险事件。在这种情况下，对已经确定了的应急工作，必须给
予权限。突发事件可能意味着要重新分配用于购买物品的财务资
源、确定工作活动的新方向或重新安排可能的人力资源，所以此类
操作的权限只应授予与项目经理沟通过风险事项细节和参与制定相
应应急计划的人。风险应急计划的权限通常由项目经理预先确定，
在风险管理计划中将个人指定为有权处理此类突发事件的人员。项

目经理必须控制好风险突发事件，避免随机的人在已确定的风险事件发生时作出不成熟的决策。

在人力资源责任分配中，至关重要的是将适当的权限分配给在已有权限内技能熟练和经验丰富的人。同样重要的是，项目经理必须与利益相关者和项目团队有效地沟通个人所具有的权限级别，以避免权限的混淆和 / 或错误表述。

信息收集和定义工作活动的细节信息可能会占用项目经理和其他项目工作人员大量的时间。项目在这个阶段必须分配给信息收集和分析足够的时间。项目经理要掌握大量有关生产项目可交付成果所需的活动信息、明确人力资源的职责和分配，并了解项目设计方式的总体结构。在进入下一阶段之前，项目经理要做好充分的准备，对每项活动的细节、工作活动的顺序以及人力资源的角色、职责和任务熟记于心。

■ 思考与讨论

1. 为什么项目经理和项目人员要掌握每项工作活动的细节信息？

2. 为什么要定义项目相关人员的责任？

3. 责任分配矩阵是否有弊端？

4. 为什么必须明确项目权限并与项目利益相关者和项目人员进行沟通？

■ 应用练习

案例研究：克兰顿·鲍尔数据中心

克兰顿·鲍尔数据中心是一个商业数据中心，专门为小型企业提供大容量存储、电子邮件和企业系统服务器以及网站等 IT 服务。该数据中心已经运营了八年，由现任所有者、数据系统专家和研究科学家克兰顿·鲍尔博士创立。数据中心有四名高级经理以及几名技术和支持人员，他们管理着所有设备和 IT 服务基础架构。为了扩展服务范围和满足市场需求，鲍尔和高级管理层一直在研究新一代设备，并为大型企业软件平台的下一代需求做准备。

我们认为，鲍尔和高级管理层对当前基础设施设备能力的审查以及为了满足未来需求所需的功能而进行的升级，是对其当前运营的大规模扩展。也就是说，这是一个特殊项目。鲍尔要求高级管理层列出所需的设备、确定设备的预计交付日期，并为完成此扩展项目所需的事项列出大纲。

高级管理人员明白购买正确设备的重要性，也知道要从项目角度出发，确保安装、调试以及上线工作对数据中心运营的影响尽可能小，最好可以实现无缝对接，不让当前客户受到影响。第一个难题是，最初的物流费用交涉中已经确定，一台关键服务器设备的交货时间是其他几台设备的两倍，这可能会对全部设备的安装和调试造成不便。幸运的是，这台设备可以稍后安装，可以到那时再进行集成和调试。第二个难题是，要在当前数据中心预留足够的空间来安装整个扩展基础架构。

　　该项目的主要组成部分包括：完成研究和设备清单；采购所有设备并制订交货计划；整理和清理数据中心的楼层，增加设备；安排安装、调试、验证和现场转换所需的所有活动，以应用新设备。

案例研究练习

1. 确定工作活动。

2. 收集每个活动的关键信息。

3. 定义责任。

// 第 5 章 //

活动排序

在项目开发阶段，项目经理应该已经将项目可交付成果分解为最小部分的工作活动，收集了每个工作活动的信息，并将这些活动安排在工作分解结构中。项目经理可以在项目启动和第一次工作活动开始时进行授权，但最关键的仍然是理解工作活动之间的关系以及这些关系如何影响工作活动的排序。

给工作活动排序是安排项目活动和管理活动所需资源的关键。排序是一个过程，在过程中要分析在每个活动上收集的信息，查看活动之间是否存在关系，明确这些活动在项目进度计划中的正确位置。

例如，在建造房屋的地基时，只有完成了地基内的所有准备工作（如挖沟、管道、电气系统、钢筋、模具和其他组件）才能浇筑混凝土。根据地基内部组件的关系，首先确定的是挖沟，接着可以同时进行管道、电气系统的铺设和建筑模具的安装，但是在浇筑混凝土之前必须完成基础范围内的所有建造活动。根据这些活动的要求以及这些活动之间的关系，我们可以安排与浇筑混凝土有关的活动顺序和基础活动的整体顺序。

项目经理需要了解活动内和活动间的各种关系，例如，有没有必须在前置活动完成后才能开始的活动、可以同时进行且互不依赖的活动。除此之外，可能有些工作活动是项目总体目标的要求，并不属于特定项目可交付成果的要求，但如何在主项目计划中规划诸如此类的外围项目也要考虑到。项目经理必须了解活动排序的概念，因为这对计划安排以及项目活动控制至关重要，只有这样，才能正确地生产项目可交付成果并实现项目总体目标。在本章中，我们将讨论一些相关的概念和工具，以了解项目活动之间的关系以及在项目计划中对活动进行正确排序的方法。

排序的基本信息

活动排序的过程始于对每个活动收集的信息的分析。为了正确理解这些信息，项目经理需要查看为每个活动收集并记录在工作分解结构中的信息。除此之外，活动分解决策树分析中收集的信息也是一个可确定工作活动关系的有价值的工具。有了这两个工具，项目经理就可以向组织内部或外部的主题专家咨询相关信息，寻求有关活动间关系和基于这些关系对活动进行正确排序的建议。在组织内部，项目经理还可以从过去具有类似活动的项目中找到有价值的存档信息，不仅能够获得有关活动之间关系的信息，还能够从已完成的活动中学到一些经验。

随着收集的相关信息越来越多，活动之间关系的信息应与其他活动的信息记录在同一位置。这样，项目经理和项目人员可以在同一位置获得有关项目活动的所有信息。本章涉及的信息的组成部分可以添加到第 4 章"活动定义"中概述的活动信息清单中。对负责收集活动信息的人来说，这可以使得在收集数据和采访主题专家时更加高效。

所需的活动信息

工作活动正确排序所需的许多基本识别信息都可以在工作分解结构中的活动信息位置找到。但在活动的初始数据收集中不一定能找到的其他所需信息可能包括：

与其他活动的关系——某些活动可能取决于先前完成的活动；这些活动完成其他活动才能开始。或者某些活动与产生项目可交付成果的活动没有直接联系，但在整个项目目标中是必需的。

限制条件——一项活动必须满足的特殊条件可能会影响其他活动，会改变相关活动的关键时间安排，并影响组织或物流的复杂性，这种复杂性可能会改变活动的基本特征。

已识别的风险——已识别的与活动有关的风险事项可能会影响

活动的开始日期、特征或总工期。

这类信息在活动排序中至关重要，通过它们可以深入了解活动之间的关系以及活动特征可能对相邻活动和整个项目产生的影响。它们对于理解每个活动的重要性也起着一定的作用，包括每个活动在所有活动集合中的重要性，以及是否需要被特别关注来确保其正确且按时完成。

图示法

表示和分析项目活动的一种常用方法是通过可视化网络来说明它们的联系。可通过以下两种方式绘制网络图来评估工作活动：计划评审技术（PERT）和关键路径法（CPM）。PERT 最初是在 20 世纪 50 年代末期由美国海军的洛克希德导弹系统部和布兹·艾伦·汉密尔顿咨询公司共同合作开发的，用于北极星导弹计划。历史上，PERT 一直是重要的研究和开发工具，它强调活动之间的相互依赖性，并允许项目经理管理活动资源。在大多数情况下，由于复杂性和不菲的费用，只有大型公司才会使用 PERT。CPM 最初是由杜邦公司在 PERT 的同一时间框架内开发的，主要用于建筑行业，因为项目经理发现利用这种方法更容易估算活动的工期。

就在 PERT 和 CPM 开发出来之后不久，项目管理领域开始使用一种更简单的方法——箭线图法（ADM）及其相应的双代号网络图（AOA）。目前，箭线图法已被大多数项目管理软件包中的前导图（PDM）及其相应的单代号网络图（AON）技术所取代，本章稍后将对此进行详细介绍。

网络图术语

各行业和专业团体已设计出专门用于本行业或专业的术语。项目管理领域也有用于计划项目活动的术语。下面列出了一些术语，可用来阐明项目进度：

逆推法——计算通过项目网络图路径连接的每个工作包活动的最晚开始日期和最晚完成日期的过程。这个过程从网络图的末尾开始，并通过所有路径向后移动到网络图的起点。

突发活动——网络中流出两个或多个从属活动（后继活动）的工作包活动。在所有的突发活动完成之前，后继活动无法开始。

关键路径——通过网络图连接的工期最长的活动路径。关键路径上的活动通常具有零时差。可以有多个关键路径。

最早完成时间（EF）——单个工作包活动能够完成的最早日期。

最早开始时间（ES）——单个工作包活动能够开始的最早日期。

事件——没有开始或完成并且不消耗任何资源和时间的活动。

时差——如果不影响整个项目的进度，活动的开始时间可以相应延迟的时间量。每项活动的时差都要基于活动的整体网络性能进行计算，并且可能随着活动的推进，在整个项目生命周期中发生变化。

顺推——计算通过项目网络图路径连接的每个工作包活动的最

早开始时间和最早完成时间的过程。此过程从网络的起始位置开始，并经过所有路径直至完成每个路径。

最晚完成时间（LF）——单个工作包活动能够完成的最晚日期。

最晚开始时间（LS）——单个工作包活动能够开始的最晚日期。

合并活动——在网络中有两个或多个相关活动（前置活动）流向该活动的工作包活动。在所有相关活动完成之前，合并活动无法开始。

网络图——根据逻辑关系和活动要求按顺序排列和连接的项目活动的图表。

节点——某活动与其他活动之间有依赖关系的连接点。

并行活动——可以同时执行的两个工作包活动，这两个活动之间没有前置或后继的依赖关系。

路径——一系列工作包活动，这些活动基于相互关系连接起来，形成工作活动流。

前置活动——必须先完成的活动，完成后才能开始网络中的下一个相关活动。

项目可交付成果——对已完成工作活动的汇总，用来形成客户确定的完成项目目标的最终产品。

串行活动——一系列的单个工作包活动，它们以相同的前置和后继关系连接在一条线上。

后继活动——无法马上启动的活动，因为它们依赖于网络中的前置活动。

工作包活动——项目可交付成果分解得到的最低级别的活动。工作包活动通常包含一个必须完成的可识别工作元素以及预期工期。

依赖关系的定义

只有确定和分析了每个活动之间的依赖关系，才能正确完成工作包活动的排序工作。在完成工作活动的过程中，已完成的工作会合并在一起，组成部分可交付成果，直至项目完成为止。有些工作要素的完成很少或不依赖于项目可交付成果中的其他要素，但其他要素却高度依赖于某个工作包活动的完成。定义活动之间依赖关系的过程对活动的正确排序非常重要。定义活动依赖关系的第一个层级是确定基本的前置活动和后继活动的关系。

前置活动和后继活动

前置关系的意义在于，只有在网络中相联系的前一个或多个活动完成之后，下一个活动才能开始。这个定义是对活动的简单限定，即根据活动要求和与其他相应活动的关系来建立确定的工作活动排序。图 5 - 1 用数字标识了依赖性工作活动的前置和后继关系。图 5 - 2 的网络图显示了活动连接的前置和后继关系。

排列事项	工作分解结构码		工作活动	工期	前置活动
1	**1.0**		**建立修剪草坪项目**	**6.0 小时**	
2	**1.1**		**获得割草机**	**3.5 小时**	
3		1.1.1	定义需求	0.5 小时	
4		1.1.2	购买	2.0 小时	3
5		1.1.3	安排交付	1.0 小时	4
6	**1.2**		**割草机装配**	**2.3 小时**	
7		1.2.1	从箱中取出部件	0.1 小时	5
8		1.2.2	组装面板	0.5 小时	7
9		1.2.3	组装把手	0.2 小时	7
10		1.2.4	组装发动机	0.5 小时	7
11		1.2.5	最终装配	1.0 小时	8, 9, 10
12	**1.3**		**测试**	**0.2 小时**	
13		1.3.1	添加燃料	0.1 小时	11
14		1.3.2	测试确认	0.1 小时	13

图 5-1　工作分解结构中的前置和后继关系

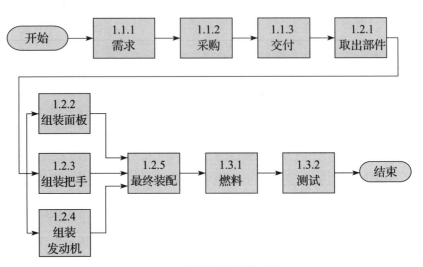

图 5-2　前置和后继关系网

后继关系与前置关系类似，表现在只有完成在网络中连接的前置活动才能开始一个或多个活动。这也是根据工作活动要求以及与相应活动的关系进行的简单资格判定。当上一个活动尚未完成时，项目经理总是想授权后继活动开始，以保证项目活动的顺利进行。但是，这是项目经理的自行决定，这种授权超出了为工作活动质量控制所建立的边界，可能并不能解决问题，反而增加了出现问题的风险。因此，项目经理最好始终保持谨慎，并遵循每个活动与网络中其他活动之间的预定依赖关系。

在确定每个工作包活动之间的前置和后继关系时，项目经理或项目人员可以通过分析来确定为什么某项活动被选为前置或后继活动。在这种情况下，依赖关系不是硬性的和需要迅速判定的要求，而是由其他需要创建关系的原因导致的。下面列出为项目活动创建依赖关系的三个原因：强制性、酌情性和外部性。

强制性

强制性依赖关系是工作包活动的硬性要求，不能改变。例如，在浇筑混凝土之前，必须完成在地基范围内发生的所有活动。

酌情性

可以酌情建立酌情性依赖关系，决定哪些活动应该在其他活动之前或之后进行。例如，项目经理可能会决定在地基完成之前订购所有用于房屋建造的材料，也可能决定在地基完成之前只订购一部分材料，地基完成之后再订购其余材料。

外部性

外部性依赖关系涉及与项目活动有关的关系以及项目活动网络之外的可能影响项目活动的外部影响。例如，盖一座新房子，在公用事业公司成功将新房子的电话系统接入城市电话系统之前，无法对新房子的电话系统的布线进行全面测试。

前导图法

多年来，项目管理已经在各种规模的公司以及各种类型的项目中开发和使用了各种类型的图表绘制方法，以有效地记录和管理项目活动，这与项目的成败息息相关。项目管理领域一直在分析各种图表方法，并完善和改进这些方法，直到它们在各种规模的公司和项目类型中都获得成功。前导图法是最有效的方法之一，也是当今项目管理中最常用的方法之一。这种方法被大多数企业的软件管理系统采用，包括项目管理功能包以及较小的独立软件包，以方便个人购买、安装、学习和使用。

前导图法有两个主要组成部分：项目活动的相互依赖关系以及基于这些依赖关系的项目活动的各种连接。单代号网络图是说明项目活动的前导图法网络图形的主要工具。单代号网络图主要依赖于正确识别网络图中包含的活动的关系和依赖性。

活动关系

为了理解活动之间依赖关系的概念，我们首先回顾两种主

要的依赖关系类型以及活动基于这些依赖关系可能具有的四种关
系类型。前置活动是必须先启动的活动，完成后才能启动网络中
的下一个逻辑活动。后继活动是一项后续活动，它取决于之前
完成的活动。基于这两种依赖关系，可以得出四种活动关系（见
图 5 – 3 ）。

关系类型	描述	示例
完成 – 开始（FS）	A 活动完成后 B 活动才能开始	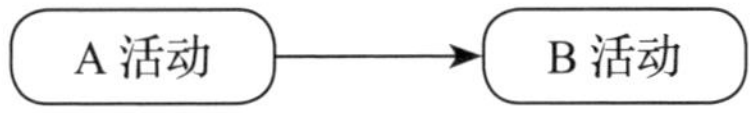 A 活动 → B 活动
开始 – 开始（SS）	A 活动开始后 B 活动才能开始	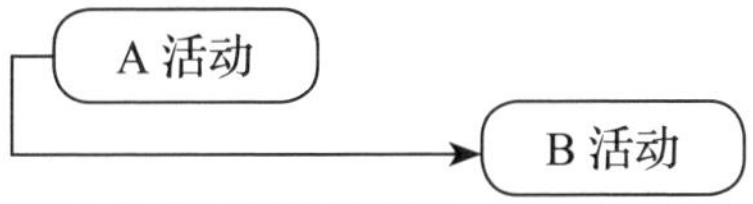 A 活动 / B 活动
完成 – 完成（FF）	A 活动完成后 B 活动才能完成	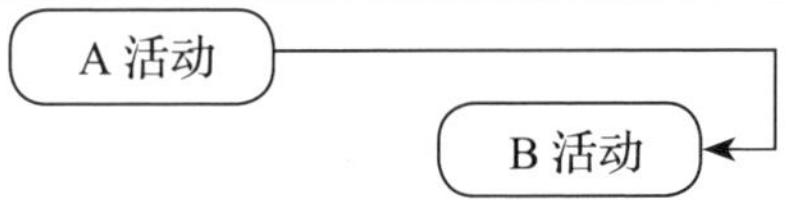 A 活动 / B 活动
开始 – 完成（SF）	A 活动开始后 B 活动才能完成	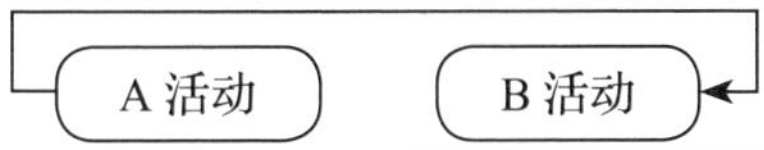 A 活动 / B 活动

图 5 – 3　四种活动关系

完成 – 开始（FS）——后继活动直到前置活动完成后才能开始。

开始 – 开始（SS）——后继活动要等到前置活动开始后才能开始。

完成 – 完成（FF）——后继活动要在前置活动完成之后才能完成。

开始 – 完成（SF）——后继活动要等到前置活动开始后才能完成。

这时，项目经理要分析工作分解结构中的每个活动，确定每
个活动相对于其他活动的依赖关系类型，以及基于该依赖关系这些
活动将具有什么样的开始或完成关系。为了组织这些信息，项目
经理可以使用一种叫作活动依赖关系矩阵的简单工具，如图 5 – 4
所示。

活动	前置活动	工期
A	无	4
B	A	5
C	B	3
D	B	2
E	B	3
F	C, D, E	4

图 5-4 活动依赖关系矩阵

图 5-4 只显示了活动依赖关系矩阵的简单形式，项目经理可以自行设计活动依赖关系矩阵，以包含其他有助于开发网络图的信息。

单代号网络图

网络图是了解项目内活动关系的详细信息以及其他关键信息（如项目的总工期、关键路径关系以及可能用于活动的时差）的绝佳工具。项目经理开发网络图之前，要先获取每个活动的关键信息（如活动标签），并确定每个活动的工期和依赖关系（前置关系和后继关系）。利用活动依赖关系矩阵中的信息，项目经理可以使用单代号网络图技术来确定网络图的结构。图 5-5 说明了如何构建网络图，如何使用箭头定义活动的基本关系来连接活动，以及如何通过网络开发路径（基于图 5-4 中的信息）。

开始构建网络图之前，掌握一些基本规则不仅有助于理解网络图的构建方式，还可以帮助理解网络图的实际工作方式：

● 需要收集每个活动的最少信息量，并将其安排在诸如活动依赖关系矩阵之类的工具中。

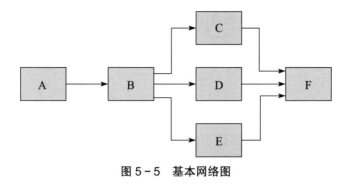

图5-5　基本网络图

- 需要建立标签以显示网络上每个活动的信息。

- 网络图的信息通常从左侧开始向右侧移动。

- 活动之间通常使用箭头来标识前置和后继关系。

- 活动在一张图中只能使用一次。如果在项目生命周期内多次
  执行相同类型的活动，则最好对每个活动进行唯一标记，以
  便在网络图中对其进行标识。

- 绘制完网络图并启动项目之后，需要更新有关每个活动的信
  息，这些信息可能引起活动关系、工期、活动时差和关键路
  径的变化，从而导致该项目总工期的改变。

活动标签

要想使用单代号网络图，项目经理首先需要创建节点，节点是
网络中的标识标签，记录了有关工作包活动的信息。查看活动依赖
关系矩阵中列出的信息，可以得到一些节点创建的信息以及基于节
点的依赖关系如何画箭头以连接节点。项目网络图可以将几个工作
包活动显示为节点。因此，为了使节点足够小以帮助管理网络图的

整体大小和复杂性，最好在节点上保留最少的信息量。图 5-6 说明了工作包活动节点以及该节点内相应的需求信息的位置。

图 5-6　单代号网络图的节点信息

项目经理在了解了节点内为什么需要某些信息成分后，对节点可以采用不同的形状，并且可以根据个人设计风格和在网络图中使用节点的方式对信息进行稍有不同的安排。不同软件程序使用的活动节点的形状可能有所不同，但信息类型是相同的，在网络图中也采用相同的方式。

活动路径的定义

在基于活动之间的依赖关系创建工作包活动节点后，网络图也逐渐成型。随着越来越多的节点从左到右被填补到网络中，逐渐形成了路径，表明完成项目可交付成果的要素所需的活动顺序。在单代号网络图中，根据依赖关系的不同，有四种路径形式：串行、并行、发散和合并。

串行活动——这些工作包活动已被确定为是单个的连续事件，并且具有单一的前置和后继关系。如图 5-7 所示，这些活动（A、B、C、D）通常没有其他依赖关系的要求，也没有其他活动依赖于它们。

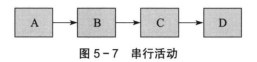

图 5-7　串行活动

并行活动——这些工作包活动之间没有明显的依赖关系，不需要连续连接到网络中。如图 5-8 所示，这些活动（仅 B 和 C）可以同时执行。

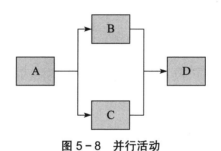

图 5-8　并行活动

发散活动——该工作包活动具有两个或多个直接后继活动。如图 5-9 所示，所有后继活动（B、C、D）只能在发散活动（A）完成后才能开始。

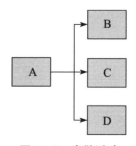

图 5-9　发散活动

合并活动——该工作包活动具有两个或多个直接的前置活动流向它。如图 5 - 10 所示，在合并活动（D）开始之前，必须先完成所有的前置活动（A、B、C）。

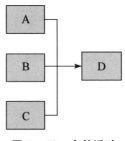

图 5 - 10   合并活动

许多项目中的活动都存在相互依赖关系，因此必须正确标识和标记每个活动。正确的标记可能会对工作活动的进行方式以及项目的总体规划和工期产生巨大影响。随着将更多节点添加到网络图中，开始出现各种复杂的路径，包括基于活动依赖性和关系的多个路径。图 5 - 11 展示了一个相对简单的网络图，包含了所有四种类型的活动关系和相应的路径。

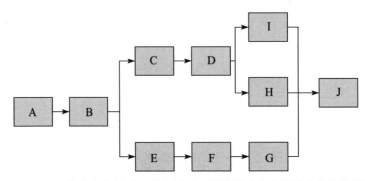

图 5 - 11   包含串行活动、并行活动、发散活动和合并活动的网络图

确定关键路径

绘制好网络图并确认活动节点之间的所有关系后，就可以开始分析并确定整个项目中每个活动的信息了。负责工作包活动的项目经理和其他管理人员希望了解以下信息：关键的开始和完成时间、每个工作活动的工期是否灵活，以及是否会因为某项活动的依赖关系而影响其他活动的进度安排。很多时候，由于很难定义依赖关系和活动关系，因此在信息收集过程中很难在项目开始时就确定这些信息。但完成网络图后通常是一个很好的时机，可以看看有多少依赖关系和限制条件，并明确管理项目内活动的重要性。

生产一个项目可交付成果可能需要大量单个的工作包活动，但是网络图的创建可以显示保持项目进度的最关键的活动链，从而提醒项目经理需要密切关注哪些活动。在整个网络图中分析工作活动时，项目经理最想知道哪条路径最长，它将决定项目的总工期。这条路径就是关键路径。

关键路径是项目管理中的常用术语，尽管它的确表示通过网络图的最长路径（项目进度计划），但并不是只有这一含义。关键路径通常表示没有工期误差或零时差的活动。因此，如果关键路径上的活动落后于项目进度计划，将影响项目的总工期。

同样重要的是，要注意关键路径虽然代表通过网络图的最长路径，但不一定代表项目活动和整个项目中的其他关键概念。

关键路径不代表：

- 工期最长的活动；

- 对项目至关重要的所有活动；

- 费用最高的所有活动；

- 潜在风险最高的活动。

为了更好地理解关键路径的概念以及如何在项目管理中使用它，我们分析了关键路径的形成方式以及可以从网络图分析中收集到的有关每个活动的那些信息。我们从网络图的最左侧开始，在每条路径上从左移至右侧，并确定通过网络的路径数和每条路径花费的时间，如图 5-12 所示。

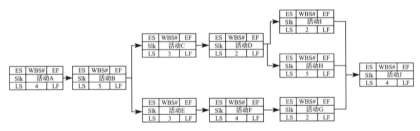

图 5-12 识别所有的路径和关键活动

路径 1：A，B，C，D，I，J；总工期：4+5+3+2+2+4=20

路径 2：A，B，C，D，H，J；总工期：4+5+3+2+5+4=23

路径 3：A，B，E，F，G，J；总工期：4+5+3+4+2+4=22

最长的是路径 2（23），因此这条路径就是关键路径。

在分析通过网络的所有路径时，可能会发现存在不止一条关键路径。如果出现这种情况，最好再次进行路径计算，确认时间值和第二条关键路径是否存在。从理论上讲，可能有多条关键路径（如

图 5‐13 所示），但这种情况很少出现。项目经理必须意识到，即便在项目开始时已经确定了有多条关键路径，但随着活动的完成和活动所需时间的更新，路径的特征会在项目生命周期中发生变化。一方面，在项目开始时确定的关键路径可能不再有效；另一方面，基于工作活动的新信息，可能会出现新的关键路径。在图 5‐13 中，活动 G 花费的时间更长（3 天），这创建了两条关键路径。

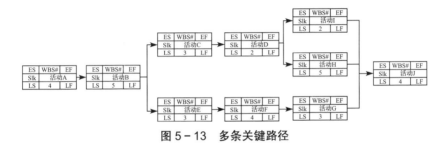

图 5‐13 多条关键路径

路径 1：A，B，C，D，I，J；总工期：4+5+3+2+2+4=20

路径 2：A，B，C，D，H，J；总工期：4+5+3+2+5+4=23

路径 3：A，B，E，F，G，I；总工期：4+5+3+4+3+4=23

目前在用时 23 天时有两条关键路径，即路径 2 和路径 3。

活动分析

完成对网络图的初步分析、确定所有路径和关键路径之后，就可以收集有关每个活动的更多信息了。这不仅对管理本身，而且对理解每个活动可能具有的灵活性都非常重要。收集此信息需要两个过程：顺推法和逆推法。这两个过程会产生有关每个活动的信息，如最早开始（ES）时间、最早完成（EF）时间、最晚开始（LS）时间、最晚完成（LF）时间，以及可用的时差。

顺推法——首先选择一条路径，然后在第一个节点标记项目活动的开始时间，ES 值以零开始。该活动的工期加上 ES 值会产生 EF 值：

$$ES + 工期 = EF$$

沿箭头方向移至下一个后继活动（节点），然后将上一个活动的 EF 值作为后继活动的新 ES 值代入。如果一个节点有两个或多个前置活动的箭头流向该节点，并且这些前置活动有不同的 EF 值，应始终记录 ES 的最大值。将相应的工期加到这些 ES 值中，可得出其 EF 值。之后，对网络图中的每个路径继续进行顺推法计算，如图 5‑14 所示。

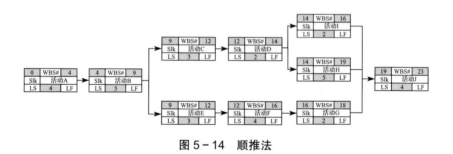

图 5‑14　顺推法

逆推法——此过程从网络图的末端开始，从右向左进行，从最后一个节点开始，并按照箭头的方向经过所有前置活动。记录所有先前 LF 值的工期结束值。让 LF 值减去活动的工期，可以得出该活动的 LS 值。

$$LF - 工期 = LS$$

如果两个或多个活动有同一个前置活动，则较小的 LS 值将作为新的 LF 值进入活动中，按照箭头指示到达下一个前置活动（节点），并进行相同的计算。继续在整个网络中反向运行，直到起始节点为止，如图 5-15 所示。

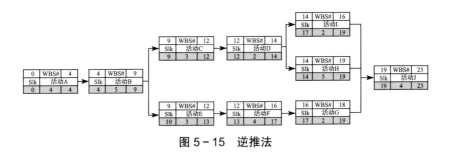

图 5-15　逆推法

时差计算

完成逆推和顺推的流程后，项目经理就可以分析所有活动的信息了，包括最早的开始时间和完成时间，以及最晚可能的开始时间和完成时间。有了这些信息，就可以计算每个活动开始和完成的时差（SLK）了。开始时差的计算为：时差 = LS − ES，完成时差的计算为：时差 = LF − EF，如图 5-16 所示。

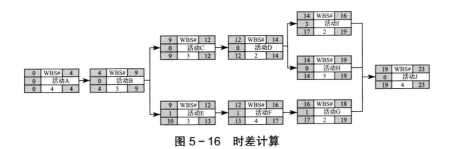

图 5-16　时差计算

时差计算也是确定关键路径及其有无时差的一种方法。然后，项目经理需要管理该路径上的活动，确保项目按进度计划进行，如图 5 - 17 所示。

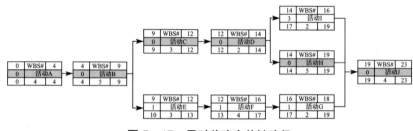

图 5 - 17　用时差确定关键路径

从网络图和分析过程中获得的活动信息对于项目经理而言非常宝贵。这些信息让项目经理能够了解每个工作包活动的详细信息、活动之间的关系，以及项目中这些活动的依赖关系。项目经理和负责监督各个工作包活动的人员可以通过多种方式使用这些信息，具体方式如下：

● 确认已考虑所有的工作包活动；

● 确认每个活动与其他活动的关系和依赖性；

● 确认合同中的开始和完成时间在项目进度计划中的正确顺序；

● 需要特别注意管理关键路径上的活动；

● 了解每个活动的开始和完成时间可能有的时差。

组织中的项目经理和其他管理人员还可以将网络图和活动相互

依赖关系中的信息用于分析其他事项，例如：

- 分析项目现金流量；

- 分析资源配置；

- 分析潜在风险对其他活动的影响，以及风险在整个项目生命周期中可能产生的连锁反应；

- 重新计算项目总工期和完成时间。

单代号网络图是一种相对简单的工具，可以在大多数项目管理软件程序（如 Microsoft Project）中生成；它通常是使用初始工作分解结构信息生成的。在许多情况下，项目的成败可以追溯到信息收集过程以及与工作包活动有关的信息分析过程。我们已经获得了诸如网络图之类的简单工具，项目经理可以有选择地建设性地使用工作活动信息，以了解项目动态和可用于项目控制的领域。

■ 思考与讨论

1. 说明哪些活动信息对活动排序很重要。

2. 简要说明图示法。

3. 活动依赖关系是什么？它们与网络图有何关系？

4. 解释关键路径中的相关性。

■ 应用练习

案例研究：克兰顿·鲍尔数据中心（见第 4 章）

案例研究练习

1. 定义对活动排序有用的所有活动信息。

2. 选定一种图示法。

3. 确定前置关系（如果有的话）。

4. 创建活动网络图。

第 6 章

资源估算

资源是项目的重要组成部分。从人力资源到设施、现金流、信贷额度，再到设备、专利和专门的知识，组织都必须谨慎选择，以确保它们不仅对组织，还对每个项目都具有价值。资源是组织用来创建项目以实现其目标的工具。管理者负责监督正在进行的项目流程，因此，他们如何有效选择和管理资源对于项目成功至关重要。

资源可能会因组织的规模、结构以及执行管理人员在设计组织时采用的方法而有很大差异。一些组织（如服务企业）非常注重人力资源，而其他组织（如制造和建筑企业）可能更注重设备或设施。职能经理和项目经理必须及时有效地分配正确的资源来实现其目标，包括选择和培训人力资源以及购买和分配基本设备。在这些资源中，人力资源通常是有效管理技能和计划项目活动的最大挑战。

从某种程度上说，人力资源就是组织的一部分，因为人可以创建、管理和执行与之相关的任务和流程。一些公司的自动化程度更高，几乎不需要具体的人来执行任务，但是通常至少需要一个人来组织相关的工作。在某些方面，人力资源与其他资源（如设备、机器和软件）相似，因为它们都被用于特定目的或执行特定任务。但是，人力资源确实具有独特的属性，所以选择和管理人力资源更加有趣，也更具挑战性。

由于要考虑多种变量，人力资源可能是最难管理的资源之一。人力资源确实具备一些所有资源共有的特性。所有类型的资源都有一些共同的属性。这些属性包括：

- 具备完成任务的资质；
- 可用性；
- 具有成本效益；
- 可靠性；
- 永久性或临时性。

许多类型的资源都具有这些属性，这些属性是获取资源的基础。诸如可用性、成本效益、永久性或临时性之类的属性易于评估，因为它们是信息的绝对特征形式。而诸如资质和可靠性之类的属性可能不那么容易评估，如果是以前没有使用过的特定资源，就很难将它们量化。这种评估可能需要花费一些时间，要从所需的资源类型或从使用该资源类型的参考主体收集信息，以更好地了解其用途和可靠性。考虑到大多数资源的类型，以上属性一般来说被认为是资源的更基本的属性。

说起资源的可靠性，设备和机器可能会发生故障，但这种故障通常与维护不当或意外事件有关。如果维护方式正确，那么选择具有合适性能和可靠性的资源应该会得到想要的结果。但人力资源并不属于这一类，因为任何形式的影响都会改变人力资源的性能和可靠性。由于人力资源具有其他类型的资源所没有的思考过程和思维方式，因此可能有多种不同的变化。

必须评估所有类型的资源执行要求的任务的能力。通常，一旦获得了资源，就能进行评估，并且评估基本准确，几乎不会有什么变化。但人力资源的能力很难评估，因为初始信息可能相当主观，并且可能需要针对特定能力和绩效进行二次评估。考虑到人力资源的这种主观性，即使进行了深入的评估，也无法在组织中充分发挥人力资源的作用。

项目经理任务艰巨，需要评估项目中使用的所有资源，并依靠直觉、过去的经验以及其他职能经理的意见和"经验"文档来协助选择过程。选择过程本身就包括评估工作包活动信息中定义的所有资源的基本特征和实际的资源需求。因此，负责评估和选择项目所用资源的人员必须了解不同类型的资源，并开发评估和选择过程。

资源的类型

组织旨在实现其战略目标并相应地获取资源。如果组织的目的是进行研究和开发，它会配备相应的工程师，在组织内部分配大量用于实验的空间以及用于测试的专用设备。会计师事务所的场地结构就和其他组织不同，要使用不同的设备，并且需要不同类型的员工。建筑公司也配置了大量设备、经过认证可以使用该设备的人员以及用来存放设备和材料的宽敞的空间。

因此，组织的业务类型在很大程度上决定了所需的资源类型。项目的运作方式几乎相同，因为每个项目都有一个目标，而该目标的本质决定了实现该目标所需的资源类型。在每个工作包活动中收集的信息应表明完成每个活动需要什么类型的资源。同样重要的是，主题专家应帮助定义每个活动的资源，来明确有关特定资源所需关键特征的其他细节。

定义项目资源

由于组织可能会使用多种类型的资源，因此工作包的定义会显示对某些资源的非常具体的要求。开展项目的所有组织都有六种主要的资源类型：

人力资源——这些资源是组织雇用来执行运营和 / 或项目任务的个人。在潜在人力资源的初始评估中，重要的是同时了解技能的深度和广度，这是人力资源可以带来的最高价值。在项目中，人力资源会利用更广泛的技能基础来执行一项或多项特定任务，并根据可用性分配。拥有广泛技能的人力资源可以使管理层更好地规划部门内部和项目的资源分配。因此，招聘时需更加重视评估过程，更好地了解潜在人力资源。因为大多数管理人员理解人力资源的重要性，这里的目标就是将技能的价值与资源利用联系起来。

财务资源——财务资源用于购买完成项目工作活动所需的物品。财务资源的形式可以是大型公司的信贷额度、可通过供应商获得的信贷以及已发给组织内个人的信用卡。如果是规模较小、更直接的购买行为，财务资源也可以采用公司支票和零用金的形式。大多数组织中的会计部门会为项目采购和支出确定财务资源类型方面的权限。

资产设备资源——为了实现组织的战略目标，组织已获取了资产设备资源来开展业务活动。资产设备的形式包括：办公设备和家具；制造机械；计算机系统；专用实验室设备；重型设备（用于建筑和运输行业）、叉车、卡车和拖车；仓库货架和托盘货架。组织可以购买或租用这类设备用于短期目的，如项目工作活动。

材料资源——组织购买材料资源用于生产客户需要的项目可交付成果或与服务相关的成果。

设施资源——设施资源是组织为适应业务活动所需资源而准备的场所。设施资源的形式可以是住宅、商业或工业场地，比如办公楼、工厂和仓库。设施资源可以直接购买，也可以在一段时间内租用。需要注意的是，如果与其他职能部门合作，需要另外分配设施空间。但这有时也会成为项目的限制条件，项目经理和职能经理可能会因此产生冲突。

信息技术资源——信息技术资源的独特性在于它因组织而异。一些组织已经通过特殊的研发或客户要求开发了独特的技术，并申

请了专利。由于信息技术资源的独家性，组织在协商项目可交付成
果时极有可能处于优势地位。组织内个人的知识经验也是信息技术
资源。通常可以在高级管理者、工程人员或组织中掌握独家专有信
息的人中找到这类资源。

直接和间接项目资源

当项目经理评估每个工作活动所需的资源时，很明显，某些资
源与工作活动要求直接相关，而要利用的其他资源不一定与工作活
动直接相关。在某些组织中，项目经理必须考虑分配给项目的所有
资源，以控制成本并安排问责制。为了完成好这项任务，项目经理
需要确保所有资源都属于以下两个常规类别之一：

直接项目资源——根据活动需求获取的并将其分配给特定工作
活动的项目资源。工作活动的成功与完成取决于直接分配的项目资
源。例如，根据技能组合来确定完成某些活动的人力资源，以及必
须用于完成某项活动的特定资产设备。

间接项目资源——可能在项目工作活动过程中使用，但不会分
配给特定工作包活动的项目资源。例如：容纳所有项目工作活动的设
施；可能有助于财务资源使用但不直接参与工作活动的会计部门；组
织中运送项目可交付成果但没有专门分配给活动的卡车和拖车。

合同资源

如果组织正在运作一个项目，但没有工作包活动中标识的资

源，则可以通过外部合同采购来获取该资源。采购的形式可以是具有专门技能的人力资源和／或工作活动所需的知识，还可以是采取雇用一般劳动者的形式，减少项目人员的工作量，从而加快项目进度。需要通过合同采购的其他外部资源可能还包括租赁额外设施空间、专用设备或特定工作活动所需的重型设备。在这些情况下，由于该特定工作活动的不经常性，组织可能并没有准备这些资源，因此，仅在项目活动需要时通过签订合同来获取专门资源更可行。

资源限制条件

组织的成功通常取决于组织的创建者如何运营以及当前的管理人员如何管理活动以实现组织的目标。为了正确、有效地统筹组织，管理人员每天都会发现问题和限制条件，这些因素都会在一定程度上阻碍组织的成功。项目经理在项目上也会遇到同样的问题，这些项目的限制条件制约着项目的设计方式和项目活动的日常管理。

在项目生命周期的早期，项目经理在进行项目交付细节可行性分析时就能发现一些限制因素。在大多数情况下，项目经理和／或最初的利益相关者这时就开始理解组织在实现潜在项目目标的能力方面可能存在局限性。因此，他在授权项目时必须谨慎，以免使组织或客户面临失败的风险。通常来说，组织面临的第一个问题是负责决定授权项目的人员不完全了解项目对组织的影响或组织运作项目的能力，而且他们也没有意识到已发现的限制条件和这种限制的严重性。项目最终成功的关键因素是不仅要了解组织如何能够完成项目目标，而且要理解组织在无法完成项目目标方面的局限性。

完成项目目标可能遇到的限制条件主要有三种：组织式、项目式和资源式。

组织式限制条件——这类限制条件与组织的整体结构和／或管理有关。组织式限制条件具有最大的影响范围，涵盖组织结构、组织的所有者或创建者的各个方面以及执行管理中的一般内容。从组织的角度来看，特定的限制条件可能包括以下内容：

- 高管和中层管理人员对特定市场缺乏洞察力，他们很难正确选择符合市场价值的项目机会，以至于错失了市场机会，误解了市场需求。

- 执行人员和中层管理人员对特定项目的支持不足会对项目的成功产生巨大影响，因为大多数项目授权均由该级别的管理人员评估。如果此级别的管理人员不同意有关如何进行项目活动的决策，就可能会在决策上产生冲突和延迟，从而影响项目的整体成功。

- 项目目标不在组织的战略目标范围内。必须对所有项目进行评估，以确保它们符合组织的战略目标，并能在完成时为组织带来价值。

- 公司的能力不足以有效地运作项目。并非所有公司的结构都能开发结构化项目，并准确有效地执行项目管理计划。在这种情况下，由于缺乏组织、计划和有序的结构，项目一开始就注定失败。

- 组织的极端复杂性可能会对开发和管理项目造成困难。一些组织具有极其复杂的操作步骤，这可能不利于完善结构和实施项目。具有大量独家信息的组织或处理分类信息的政府机构在与其他内部和/或外部资源建立复杂关系时可能会遇到难题。

项目式限制条件——项目式限制条件的影响与项目管理要素相关联，因为它们与特定项目有关。尽管组织可能有足够的能力和结构高效地运作项目，但是单个项目具有内在的局限性和制约因素，这些局限性和制约因素会影响实现特定项目目标的有效性。这类限制条件不一定受组织的影响，也不是与资源相关的限制，更多的是在项目的开发、管理以及其他方面的三重限制因素。项目式限制条件对特定项目的影响包括以下方面：

- 项目目标与组织目标不符。

- 组织的规模和能力不足以实施这么大的项目。

- 项目管理计划设计不当。

- 三重限制因素在所有项目中都存在，它代表了每个项目的三个共同要素，必须在项目内部进行仔细管理：进度/时间、

预算/成本和可交付成果/质量（见图6-1）。项目可交付成
果由将以一定质量水平完成的活动组成，这些活动具有相关
的成本和预定的完成时间。这三个限制因素相互联系，一个
因素的任何更改都可能影响其他一个或两个因素，从而形成
限制条件。如果三个因素都在项目设计的参数范围内运行，
则它们不会构成限制条件。

图6-1　三重限制因素

资源式限制条件——资源式限制条件的影响可以归于直接或间
接参与项目活动的组织运营的所有其他方面。这些限制条件可以影
响组织内部或外部的项目。虽然每种类型的资源都可以表现出各自
对项目产生影响的某些特定特征，但所有资源都对项目形成两个主
要限制条件：能力和可用性。

● 能力——所有资源，无论是人力、资本设备、设施或财务，
都具有一定的能力和局限性，这些能力和局限性会给项目带

来相应的机遇和制约。要评估、选择用于项目的所有资源的能力，以发挥资源对项目活动的积极贡献功能。例如，根据技能、背景和经验等对人力资源进行评估，看其能否完成特定的工作活动。同时还要根据制造商内置于该设备的设计、功能和可靠性等能力对基本设备进行评估，以使它也可以完成特定的工作活动。同样，还可以评估其他资源，例如，可以采用信贷额度等形式评估财务按特定采购活动的要求执行的能力。重要的是，必须根据执行特定任务的能力来评估和选择所有资源，这对有效地完成项目目标至关重要。

- 可用性——项目经理和其他项目人员以及组织中的职能经理可以确定项目所需的所有资源。但是，如果这些资源在整个项目中不可用，或在错误的时间可用，则可能会对项目进度、成本以及某些情况下的交付质量造成影响。项目经理要花费大量的时间和日常工作来管理与项目活动相关的所有资源的调度。

在某些情况下，项目经理会与职能经理合作，根据调度和可用性来协商资源。就人力资源和可能的资产设备而言，这样的协商可能会发现一些能力不大但可以在正确的时间发挥作用的资源，以及一些能力很大但无法在正确时间被使用的资源。项目经理可能发现他们并不能独占资源，反而必须要与组织中的其他项目或其他职能经理共享资源，并且这种共享需求可能会导致与项目中的工作活动发生资源冲突。

在项目开始时，项目经理必须了解将项目进度传达给所有人员的重要性，并确认所有已确定资源的可用性，最大限度地减少调度冲突、因计划外购置资源造成的成本超支和质量不佳的情况，以及因必须获取可用资源而开展的工作活动。

资源需求

组织的构建所使用的资源是基于将资源能力与需求相匹配而获得的资源。组织要生产产品，则需要聘请设计工程师来将概念转化为可行的原型。组织还需要制造工程师和过程工程师，他们可以使用设施和设备设计生产环境，而后更有效地制造原型，从而使组织可以从产品销售中获利。

组织需要管理结构来获取资源以管理和执行日常操作。组织的每个部分，如行政管理、会计、人力资源、采购、仓库以及运输和接收，都需要设施、资本设备和人力资源来开展活动。与服务相关的组织需要有受过专业培训的人员，在组织提供的服务方面具有熟练的技能；组织还必须获得进行这些活动所需的设备、材料和车辆。

因此，组织需要使用多种类型的资源才能成功，项目工作活动也需要这些资源的特定功能才能有效地生产项目可交付成果。显然，每个单独的资源都必须具有所需的功能，这些功能必须在执行所需任务时展现出来。这个要求不仅适用于人力资源，而且对设施和设备、软件、财务资源以及进行项目工作活动所需的任何其他资源都适用。大多数组织在资源方面的挑战通常分为两类：（1）用最低成本获取足够资源的能力；（2）组织内部有效分配资源的能力。组织内对功能性操作有一些一般性的资源需求，称为操作性资源需求，而对项目活动有特定的资源需求，称为项目资源需求。本章着重介绍后者。

项目资源需求

项目可交付成果必须分解成最小的组成部分，以确定需要哪些具体工作活动和资源来开展工作活动；这些被称为项目资源需求。要基于每个单独活动中要执行的工作要求来选择资源以满足该活动所需的工作。重要的是，项目经理和其他项目人员不仅要协助评估资源以满足活动要求，还要密切关注资源需求的细节，这在资源选择中非常重要。

例如，在实施工程性工作活动时，经验不足的工程师可以完成较轻松和较低级别的工作，而更复杂和更高级别的工作则需要具有更强专业背景和技能的工程师。乍一看，工程性工作活动的要求是聘请一名工程师，但这个要求的复杂性在于，在需要的时间范围内可能无法通过内部资源获得更高级别的工程师。同样，如果要通过签约获取不存在可用性问题的外部资源，就会花费更多的时间和资金。这是项目所需资源的典型难题，因为使用内部资源的难题在进度和资源分配上，而进行交易获取需要时可用的外部资源会产生更高的成本。解决这个问题的方法之一是了解该资源所需的关键能力、内部资源是否可用，或者以较高价格从外部获取资源是否是唯一的选择。

组织资源管理

在确定能够完成工作活动的资源时，除了项目级别，还要在组织级别考虑这些资源的可用性。组织内部资源的可用性在很大程度上受到组织结构的影响。职能式组织将资源分配给职能部门，并要求项目经理协调进度，这不仅会给项目带来难题，还会给职能部门带来难题。项目组织通常将资源分配给项目，项目经理和／或计划主管负责跨项目调度资源。无论哪种情况，需要组织内部资源的项目都可能受到调度的挑战和关键资源分配的限制。

一些组织将某些类型的资源指定为"关键"资源。它们将这些资源永久性地分配给组织内的活动，并禁止将这些资源应用于其他项目。在某些情况下，组织会有意地只调配较少的资源，并根据需要购买外部资源以缓解内部调度冲突。职能式组织在这方面更为典型，因为它们要求项目获取外部资源，以免内部产生调度冲突，因此组织内的管理人员通常会确定职能部门能否优先使用企业资源。他们还要确定如何以及何时将这些资源用于项目和项目式组织。在项目式组织中，项目经理拥有更高的权限，并要协商项目之间的资源分配。当组织没有足够的资源，或者因协商导致项目无法使用资源时，项目经理只能通过外部已签订合同的资源来满足项目活动的要求。

资源估算的方法

工作活动的信息收集过程确定了资源，并确定了与资源要求相关的某些信息。记录活动所需资源的特定特征很重要，因为这对如何获取资源并将其分配给项目至关重要。之前提过，组织可能在内部具有某些可用资源，并且在大多数情况下，这些资源的标识和分配是基于可用性和调度的协商。如果组织没有所需的特定资源，或资源不可用，就需要从外部获取该资源。

估算资源需要开发一种方法，在规定的时间范围内测算用于特定工作活动的可用资源的利用率。这一方法不仅要能测算资源的可用性，还要包括其他属性，如人力资源、设施和设备的经验和技能组合、功能的专门性以及总体可靠性。明确资源的利用率是制订总体项目管理计划的重要组成部分，因为项目经理需要确定每种资源的来源，以确保已安排好资源，在需要时可用。

项目经理主要关注计划其特定项目的资源分配和利用（取决于组织的规模），资源分配可以很容易，也可以是非常复杂的组织过程，需要更高的评估水平。组织有三个级别的项目管理结构，每个级别都有其自身的资源利用特征。

项目组合的资源估算——组织中项目管理结构的项目组合通常是很高的级别。组织的规模和结构各有不同，有些项目组合可能大到一个拥有数百或数千名员工的公司的一整个部门。在某些情况下，根据项目组合和所有资源的规模、人员或其他因素，这一级别可能包括某些负责关键资源分配和调度的项目组合主管。如果项目组合的规模非常大，以至于通常在涉及资源利用的决策中不涉及该管理级别，则这些决策取决于较低级别的管理人员，如项目主管、项目经理和职能经理。有时候，在项目组合中拥有专门的资源是一大优势，因为它们是为实现某一特定功能而获取的，并且在组织中仅用于该项目组合中的项目，可以制订相应的计划。项目组合中资源分配的一大难点在于，决定资源分配的项目主管、项目经理、职能经理和项目组合主管的人数越多，在项目组合的项目群和项目中创建资源边界的难度就越大。

项目群的资源估算——项目管理的项目群级别更多的是中等级别的组织结构。根据组织的类型，项目群在决定资源利用方面可能具有一定的话语权。与项目组合可能包括多个项目群、项目和其他不相关的工作活动不同，项目群是唯一的，因为项目群中的项目和工作活动是相关的。通常，组织会为特定项目群内的项目所需的特定活动获取资源。对于项目群主管和项目经理而言，这可能是一个很大的优势，因为项目群内的资源分配可以由单个项目经理与项目群主管进行协商，从而将决策的复杂性降至最低。

项目的资源估算——组织内的项目级别是项目管理的最低级别。项目经理必须制订资源利用计划，并为每个工作活动寻求所有资源的批准和安排。这可能产生两种情况：可能意味着很容易安排该项目消耗的有特定用途标识的资源，也可能意味着难以协商将在其他项目上共享和／或在其他职能部门中使用的其他资源。这种协商可能会导致资源在特定项目活动时间范围内的可用性受到限制。如果项目与某个特定的项目群或项目组合并不相关，而项目群主管和项目组合主管可以协助分配资源，则通常将这些项目称为独立活动，并且项目经理必须为该项目独立地协商资源。

项目经理要分析工作活动中使用的各种类型资源的利用率。为此，鉴于资源的类型、资源的可用性以及如何获得批准以分配和调度所需的所有资源，项目经理需要掌握一些方法。接下来介绍几种资源估算中更常用的方法。

德尔菲法

德尔菲法是一种简单且常用的资源估算方法。德尔菲法由兰德公司在 1969 年开发，是一种集体共识决策过程。采用德尔菲法需要创建一个小组，包括主题专家、管理人员以及组织内部或外部的其他人员，他们掌握项目工作活动的特定信息以及相应资源的知识，能得出最佳解决方案。德尔菲法成功的关键因素是专家小组之间的交流，专家小组的共识（专家意见）将潜在资源重新评估和限定为"最合适的资源"。

确定性估算

一般来说，考虑到组织的规模和结构，资源分配通常属于预先确定的资源和任务之间的联系，任何项目都会涉及这些资源和任务。这些资源在组织内部很容易识别，因为它们仅用于一个目的，就是完成工作活动中的特定任务。资源在全年都可以分配给活动，并且易于确定其在新项目上的调度可行性。

相比职能式组织，项目式组织更容易进行确定性估算。原因在于，项目式组织可以按进度计划的顺序安排项目，可以基于所有项目的顺序性质分配预定的资源需求。职能式组织可能会有全年固定调度的资源。但是，在大多数情况下，它们的可用资源取决于职能部门内更近期的需求，这使得估算这些资源在新项目上的可用性更加困难。

示例

项目式结构的建筑公司主要负责商用建筑的建造。在这个组织中，资源，如一件重型设备和相关的操作员，始终分配给需要该特定设备的项目。然后才对项目进行规划，以便一次只在一个项目上分配某件重型设备。完成一个项目活动后，这些设备将按计划移至下一个项目执行相同的活动。

备选方案分析

项目经理评估每个工作活动所需的资源和满足每个需求的资源的可用性时，可能需要通过备选方案所需的关键资源作出折中决策。这可能意味着没有可用的内部资源，而需要外部合同资源。进一步评估后，如果可用的较低级别的资源可以完成工作，对资源的原始需求可能是增加一些经验更丰富的人力资源。如果工作活动需要更专业的特定资源，而组织没有此类资源，则项目经理可能得使用可用资源来评估活动以寻找替代方法。在大多数情况下，备选方案分析仅要求项目经理重新评估项目活动的替代方案，并更加创造性地思考如何完成活动。

发布数据估算

根据组织的规模不同，组织活动中所有可用资产和资源的发布数据可以在选择资源和完成工作活动方面非常有用。较小的组织比较容易开展发布数据估算，因为可用资源在管理结构中是公开的，并且这些资源的选择和调度仅涉及与其职能部门的简单协商。

但大型组织中可用资源的信息可能很难识别，因为可能涉及整个国家和／或全球的资源。资源物流工作和调度工作的复杂性也会加大工作活动的难度。对于大型组织来说，识别可用于他处并能有效沟通可用性的资源相当困难。当组织内各部门的联系更加紧密，且通常具有可以轻松调配给组织中其他项目的资源时，通过组织内的可用资源发布信息是最有效的。

资源平衡

当项目经理为确定所需资源评估工作活动时，他可能会认为给定在特定时间范围内将要执行的特定工作类型，需要多项资源。如果需要在组织内其他地方使用资源，或者在给定可用资源的情况下没有足够的时间来完成活动，则可能会限制资源的使用。这可能产生两类资源限制条件：

受时间限制的项目——这些项目可能具有特定的工作活动，而这些活动也具有前置/后继关系，从而迫使该活动在特定时间范围内完成。绝大部分工作将在特定的日期开始和完成，一般来说，受时间限制的项目中的活动通常位于关键路径上，因此需要项目经理的特别关照，必须根据时间进度精确地执行和完成。在这种情况下，时间非常宝贵，资源仅在规定的时间范围内用于完成活动才有意义。因此，这类情况下通常不会延误进度，但如果需要额外的资源才能在指定的时间范围内完成项目活动，就会导致成本超支。作为受时间限制的项目工作活动以及如何通过资源平衡来减少个人工作量的示例，图 6-2 显示了活动 I 和活动 J 如何受时间限制，并且必须在特定的日期完成。可以在活动 E、F 和 G 中添加额外的资源，以控制活动 I 和活动 J 之前活动的持续时间。

受时间限制的项目													
活动	1	2	3	4	5	6	7	8	9	10	11	12	13
A. 平整地面	■	■											
B. 地基标记			■										
C. 挖沟				■									
D. 安装模具					■								
E. 安装子管道						■							
F. 安装子电路						■							
G. 安装钢筋								■					
H. 检查									■	■			
I. 浇筑地基											■		
J. 浇筑混凝土地基												■	

图 6-2　受时间限制的项目

受资源限制的项目——这些项目可能包含需要特定资源的工作活动，并且这些资源的可用性受到限制。如果确定了关键内部资源，则它们可能带有特殊条件，这些条件使得工作活动不能在指定的时间范围内完成。由于此工作活动的重点是特殊资源，应调整工作活动的时间范围和进度计划以适应该资源的特点。对资源的限制可能包括可用的专用资源数量不足、组织内可用的人力资源技能有限、资源的技术或能力限制或购买外部资源有预算限制。图 6 - 3 展示了一个受资源限制的项目。

受资源限制的项目													
活动	1	2	3	4	5	6	7	8	9	10	11	12	13
A. 平整地面													
B. 地基标记													
C. 挖沟													
D. 安装模具													
E. 安装子管道													
F. 安装子电路													
G. 安装钢筋													
H. 检查													
I. 浇筑地基													
J. 浇筑混凝土地基													

图 6 - 3 受资源限制的项目

资源负载

资源负载是指在特定时间范围内的工作活动所需的资源总数。资源负载的概念要求项目经理在一项工作活动的总成本预算约束下，在为完成工作活动而分配的时间范围和用于执行工作活动的资源数量之间作出权衡。在许多情况下，项目经理将资源负载视为一种三重限制的形式。资源、成本和完成时间相互约束，项目经理必须基于时间受限或资源受限的活动来决定最佳行动方案。资源负载的总体要点是使人力资源尽可能处在正常的每日进度计划中，而不需要过多的加班。此外，需要确保非人力资源的可用性，并且不需要额外的预算或额外的资源。

在开发大型软件产品时，必须创建的软件代码组件属于产品整体开发的关键部分。项目经理只能调配数量有限的软件工程师，不能从其他项目借用工程师。因此，项目经理可能决定在特定的时间段内聘请外部的工程师，以按计划在有限的内部资源的约束下完成工作活动。对于项目，必须开发更简单的软件组件。在软件开发阶段，可以调用其他部门的初级工程师，以降低计划中的高级工程师长时间工作的成本。图6-4列示了一个存在资源可用性问题的资源负载。

项目经理在管理工作活动资源的整体计划时会尽力实现资源平衡。通常仅在时间受限或资源受限的工作活动中才需要这样做，并且在管理资源以完成工作活动时要格外留意。资源平衡可采取以下形式：在项目的各个活动之间转移资源，调整某些活动的开始和结束时间的计划，或调整任何特定工作活动上的资源数量。改变活动的开始时间来适应有限的资源也是一种平衡的形式。这确实延长了项目的总工期，工程师可以用一半的时间完成任务 B，如图 6-5 所示。

资源负载要求

资源	1	2	3	4	5	6	7	8	9	10	11	12	13	14	15	16	17
A. 制定需求	RE SE	RS SE	RS SE														
B. 设计子模块 A				SE	SE	SE	SE										
C. 设计子模块 B				SE	SE	SE	SE	SE	SE	SE	SE						
D. 设计子模块 C				SE	SE	SE	SE	SE	SE	SE	SE						
E. 测试模块 A、B、C											SE	SE TT	SE TT				
F. 设计用户界面														SE	SE		
G. 子模块整合														SE	SE TT		
H. 最终测试																SE TT	SE TT
可用资源: RS=1 SE=2 TT=1	RS 8 SE 8	RS 8 SE 8	RS 8 SE 8	SE 24	SE 24	SE 24	SE 24	SE 16	SE 16	SE 16	SE 16	SE 8 TT 8	SE 8 TT 8	SE 16	SE 16 TT 8	SE 8 TT 8	SE 8 TT 8

图 6 - 4　资源负载

资源平衡

资源	1	2	3	4	5	6	7	8	9	10	11	12	13	14	15	16	17	18	19
A. 制定需求	RE SE	RS SE	RS SE																
B. 设计子模块 A				SE	SE														
C. 设计子模块 B						SE	SE	SE	SE	SE	SE	SE	SE						
D. 设计子模块 C						SE	SE	SE	SE	SE	SE	SE	SE						
E. 测试模块 A、B、C														SE TT	SE TT				
F. 设计用户界面																SE	SE		
G. 子模块整合																SE	TT		
H. 最终测试																		SE TT	SE TT
可用资源： RS=1 SE=2 TT=1	RS 8 SE 8	RS 8 SE 8	RS 8 SE 8	SE 16	SE 16	SE 16	SE 16	SE 16	SE 16	SE 16	SE 16	SE 8 TT 8	SE 8 TT 8	SE 16	SE 16 TT 8	SE 8 TT 8	SE 8 TT 8	SE 8 TT 8	SE 8 TT 8

图 6 – 5　资源平衡

资源需求计划

在项目经理评估了有效完成所有工作活动所需的所有资源之后，这些评估的结论需要记录在被称为资源需求计划的主进度计划中。如果项目经理使用工作分解结构记录了项目的初始结构和每个工作活动的分解情况，则应该在信息收集过程中获取有关所需资源的信息，并获取关于特定资源的信息，包括每种资源的可用性。这类信息还可以包括资源本身的特定要求、有关基于可用性的特定资源的关键调度的备注以及对组织内部不可用的资源进行外部合同需求的指示。资源需求计划是整体工作分解结构和项目管理计划的组成部分。如果项目经理未使用正式的工作分解结构，则可以列出包括所有工作活动所需的所有资源、每种资源的特定要求（包括可用性）、所需资源的任何外部合同以及每种资源的调度要求在内的简单矩阵，这些都可视为资源需求计划。

在项目开始时，项目经理要尽量在项目生命周期中定义每种资源的需求以及对资源进度的安排。如果没有在项目的早期就作出调度资源的安排和承诺，而且在需要时没有可用的资源，通常会导致为适应资源而造成的计划拖延或因引入资源而增加的额外支出。关于计划和估算项目资源，项目经理有以下两种选择：

1. 在项目开始时忽略规划资源需求、所有资源的承诺和调度。

结果——调度的限制条件和冲突通常会导致计划延期或由于缺

乏资源而导致预算超支，需要为外部资源付费。

2.花时间适当地确定和估算资源需求，并承诺安排工作活动所需的所有资源。

结果——缓解或消除资源不可用的风险，有利于消除资源不足导致的进度延误和成本超支。

在设计和制订项目计划时，项目经理必须密切关注项目早期的活动，如定义和估算资源需求。由于大多数项目都依赖资源来开展项目工作，项目经理有责任将对项目所需的所有资源的评估放在首位。在大多数情况下，估算资源的最关键要素是在项目生命周期中根据需要正确地选择资源、可用性以及对资源调度的承诺。如果投入足够的时间收集和评估信息并在项目开发中尽早选择和安排资源，项目经理将会在控制项目进度和成本方面取得更大的成功。

■ 思考与讨论

1.你认为某些项目资源比其他资源更重要吗？为什么？

2.使用外部合同资源的优缺点是什么？

3.讨论项目资源主要或常见的限制条件。

4.解释由于人力资源技能的可用性而导致的项目人员配备方面的挑战。如何克服这些挑战？

5.讨论几种资源估算方法的差异。哪种方法在你看来最好？

■ 应用练习

案例研究：克兰顿·鲍尔数据中心（见第 4 章）

案例研究练习

1. 制定项目所需的资源清单。

2. 你能发现该项目的任何资源限制条件吗？

3. 这个项目对资源有特殊能力的要求吗？

4. 哪种资源估算方法最适合这个项目？为什么？

第 7 章

活动工期估算

到现在为止，项目经理和相关项目人员已经完成了有关各个工作活动的信息收集，定义了必须完成的工作以及完成每项活动所需的资源。现在的任务是估算完成每项活动需要多长时间。分析所有可能影响完成工作活动所需时间的变量的过程称为活动工期估算。

活动工期估算需要明确工作活动中必须完成的工作以及所需的所有资源类型的信息。项目经理还需要有关所有外部需求的信息，如合同协议和 / 或项目或组织限制因素，这些信息可能会影响完成工作活动所需的总时间。准确的活动工期估算是项目经理在制订总体项目计划时必须完成的最困难的事情之一。通常来说，工期估算要基于活动可能具有的变量的数量，这些变量会影响完成一项活动所需的时间。项目经理试图估算某项活动的工期，因此通常会根据影响项目活动的可预见和不可预见因素，在整个项目生命周期中调整工期。项目经理要使用基本的项目管理工具来为工作活动的工期制定最佳的估算计划。

有些活动的信息非常明确，项目经理利用它们可以非常轻松、准确地确定活动工期。但是，对于其他活动，由于影响此类分析的变量众多，确定工期可能会更加困难。项目经理必须始终根据实际数据进行估算，并尽量避免简单的猜测。猜测会严重影响其他后继活动的进度，并可能产生连锁反应，最终影响整个项目的进度和项目的完成。错误的工期估算不仅会影响估算的活动完成时间，还会在整个项目中产生其他影响：

- 对完成工作活动的人员产生负面影响；
- 对项目和项目经理的管理期望产生负面影响；
- 对客户对组织完成项目能力的期望产生负面影响；
- 对项目经理在控制项目进度方面的挑战；
- 如果合同义务包括进度延迟罚款，则可能增加项目成本；
- 对项目团队的信心及其对项目目标的整体认可产生负面影响。

项目经理和项目人员应花时间对工期进行最准确的估算。在许多情况下，对于工作活动较少的小型项目，由于总体上工作范围并不复杂，且资源的数量和类型易于量化，因此更容易确定准确的工期。而对于时间跨度达数年的大型项目，要想对准确信息很少的项目生命周期中耗时更长的工作活动准确估算工期，可能很困难。在这一点上，项目经理必须依靠可用的估算信息，并且必须注意，随着信息越来越多，估算的精度要求也在提高。这种估算是可以接受的，并且在具有较长时间跨度的超大型项目中很常见。

本章介绍了项目经理可以用来估算工期的几种工具和技术，这种估算还包括内部和外部影响、限制因素以及整合前置和后继关系的注意事项。与项目中的许多其他领域一样，开发用于执行活动（如活动工期估算）的流程对于高效地创建项目管理计划至关重要。

工期估算方法

根据项目的规模和复杂性，收集用来定义工作活动的属性和特征的信息可能会表明是否有足够的信息来准确估算工期。项目经理必须掌握一些工具，利用每个工作活动的可用信息来估算活动的工期。在以下内容中，我们将探讨几种更常用的活动工期估算方法，并举例说明如何使用。

类比估算

如果没有或者只有很少的信息可用来描述活动工期，最好将目前活动的特征与过去完成的类似项目活动进行比较。来自项目活动的历史数据可以帮助项目经理通过类比使活动可视化。如果某个活动在给定参数的情况下花费了 X 小时，那么基于相似的参数，新的此类活动也应花费 X 小时。项目经理通过与过去活动相匹配的

活动特征和参数的比较来建议一个特定的工期，以估算新活动的
工期。这类估算被认为是粗略估算，因为它只能通过类比的方法
量化。

示例

　　一位项目经理正在估算自定义软件开发项目的工作活动的
工期。她发现，很难估算开发该软件包的用户界面组件的总活
动工期。为此，她研究了去年开发的类似用户界面的软件包。
她发现该工作活动具有与当前项目活动相似的特征。经过进一
步的调查和比较，她发现两个活动非常相近，可以将过去活动
中记录的工期用作新项目活动的估算数据。

参数估算

　　一般来说，参数估算会与类比估算结合使用。即使参数不同，
类比估算也必须利用历史数据才能计算出活动工期。因此，必须使
用历史数据进行计算才能制定新工作活动的工期。当过去项目与当
前项目的工作活动特征的比较显示出足够的相似性、可以使用工期
信息时，通常使用参数估算法。参数估算引入了一个乘法器组件，
该组件可以调整参数（如大小、数量或人力）的变化，这些变化将
缩放过去的数据，使其适用于当前工作活动的参数。由于只能通过
历史数据和数学计算来量化工期，这种类型的估算也被认为是粗略
估算。

约翰是负责定制房屋项目的项目经理，正在制订项目管理计划。他在估计一些工作活动的时间，为一个项目的总工期犯难。他无法从承包商那里得到确切的答案，但需要完成这些工期估算，以向客户报告完工的估算时间。约翰曾管理过定制房屋项目，根据此特定房屋的布局，他确定了一个与之相似的项目。以前的房子要小得多，但旧项目的特征与他现在正建造的房子完全相同。他提取了旧项目的数据，与新项目的规模进行比较，计算出数据的变化。接下来，他使用乘法器缩放所有其他因素，如人力和设备，以得出新项目的预计工期。这种方法不仅可以让约翰粗略估计完成活动所需的总时间，而且可以更好地了解在此时间范围内完成活动所需的人力和设备。

旧项目的大小和工期：1 800 平方英尺，96 小时

参数乘法器计算：96/1 800 = 0.053 3（小时 / 平方英尺）

新项目的大小：3 200 平方英尺，小时（未知）

应用参数乘法器：3 200 × 0.053 3 = 170.56（小时）

新项目工期的参数估计：170.56 小时

三点估算

有时候为工作活动收集的信息可能会揭示一些数据，这些数

据能够表明一个工期范围。在这种情况下，项目经理可能会感到困惑，不知道对于工期的绝对值而言哪个值是正确的。他可以向主题专家征求关于应该使用哪个值的建议，或者可以参考先前的项目，但如果没有这些信息和数据，则项目经理必须使用一种方法来确定活动工期的绝对值。

一些项目经理可能选择更加保守（悲观）的值，而其他项目经理可能会制订更积极（乐观）的工作计划。如果不知道该怎样选择，可以使用三点估算方法，它允许同时使用乐观值和悲观值来计算预期工期。三点估算的两种形式分别是三角分布和贝塔分布。三点估算方法的贝塔分布形式最初是作为计划评审技术（PERT）的一部分开发的：

乐观值（T_o）——这类估算所使用的数据基于可为工作活动提供绝对最佳方案的情况。这需要工作活动中的所有因素和资源以最高的效率运行，并提供最短的工期。

最可能值（T_m）——这类估算使用的数据一般是几乎没有风险或限制条件的数据。如果一切顺利，在可用资源、材料和合理设计的时间框架下，这是最有可能在项目活动中发生的情况。

悲观值（T_p）——这类估算使用的数据基于预想中工作活动最差的情况。这些情况包括工作活动存在问题、风险或不确定性，以及总体上缺乏效率，从而会导致工期延长。

预期工期（T_e）——预期工期是分配计算的平均值（如式（7-1）和式（7-2）所示），其中考虑了估算的三种分类：乐观、最可能

和悲观。项目经理可以将这一平均值用作特定工作活动工期的估算
结果。

$$三角分布: T_e = \frac{T_o + T_m + T_p}{3} \tag{7-1}$$

$$贝塔分布（PERT）: T_e = \frac{T_o + 4T_m + T_p}{6} \tag{7-2}$$

贝塔分布类似于三角分布，但更侧重最可能的数据，不再强
调两个极端（乐观和悲观）值。如式（7-2）所示，其中 T_m 的乘数
为 4，再除以 6，得到一个标准化的分布数据。而且，项目经理可
以考虑两个极端数据的影响，但在整个工期估算中，它们的权重
较小。

根据图 7-1 中的数据，可以使用贝塔分布公式来计算关键路
径上每项活动的工期，得出项目工期的总体估算。

活动	乐观值（t_o）	最可能值（t_m）	悲观值（t_p）	预期值（t_e）
A	3	4	6	
B	3	5	6	
C	2	3	5	
D	1	2	3	
E		3		
F		4		
G		2		
H	4	5	7	
I		2		
J	2	4	6	

图 7-1　乐观值、最可能值和悲观值估计

可以在贝塔分布公式中应用活动 A 的值来确定预期工期，如图 7 - 2 所示。继续进行关键路径上其余的活动，并观察使用贝塔分布对估算值的影响。

$$4.17 = \frac{3 + 4 \times 4 + 6}{6}$$

活动	乐观值（t_o）	最可能值（t_m）	悲观值（t_p）	预期值（t_e）
A	3	4	6	4.17
B	3	5	6	4.83
C	2	3	5	3.17
D	1	2	3	2.00
E		3		
F		4		
G		2		
H	4	5	7	5.17
I		2		
J	2	4	6	4.00

图 7 - 2　活动 A ～ J 的贝塔分布计算

三点估算法具有独特的价值：它使项目经理可以利用一系列数据，这些数据考虑到了可能影响特定工作活动工期的风险和不确定性。乐观值和悲观值都可以反映项目经理可能面对的变量的重要性，或者反映估算活动工期必须考虑的限制条件。

应急估算（储备分析）

大多数项目经理获取的都是每项工作活动表面上的信息。然后，他们根据给定活动可用的信息，根据最有可能发生的事件来计算工期。大多数项目无法精确按照进度计划进行，而且项目中产生的问题、限制条件以及已识别的风险或未知因素会影响工作活动的结果，这些都对准确预测工作活动的工期提出了挑战。

项目经理要花费大量的时间来分析整个项目中的潜在风险，并确定或量化这些风险对项目造成影响的可能性。他还要设计缓解或消除风险的策略，并在发生风险事件时制订应急计划。对风险事件有很多种应对形式，如增加额外的资金、额外的资源、备用计划等，选择哪一种形式具体要取决于应对特定风险的要求。在某些情况下，如果识别出有大概率发生或对项目有很大影响的风险，则可以在工作活动中设计额外的时间（储备分析），并且应在活动中计算额外的时间以进行补偿，这称为应急估算。

项目经理有两种方式为需要特别关注的特定工作活动增加项目额外时间：

活动应急估算——如果确定某项特定活动具有高概率或高影响力的风险，则项目经理可以为该特定活动做应急估算，为这项活动分配一些额外的时间，且增加的时间可以计入项目总体进度的基准中，但仅在该活动产生风险时使用。

项目应急估算——项目经理汇总已计算的所有活动应急估算，并将其简单地作为整个项目进度的一部分。另外，整个项目生命周期中已确定的高概率和高影响力风险事件也应计入项目基准。对于项目经理来说，这种控制方法更困难，因为他必须跟踪风险事件已使用了多少应急时间，而项目活动的效率低下浪费了项目进度计划中的时间。

主题专家分析

如果项目经理发现在特定工作活动的工期内难以收集准确的信息，此时建议他们征求主题专家的建议。主题专家可以分析活动，并帮助确定工期估算。在某些情况下，项目经理可以使用小组决策技术，将具有不同背景、经验和知识的人召集在一起，帮助他为活动工期作决策。由于工作活动的复杂性，某些项目可能需要一个专家小组来评估工作活动的特征和参数，就工作活动工期的估算达成共识。在某些情况下，项目经理可能会基于与小组的讨论而发现有关工作活动的新信息；新信息可以帮助确定特定活动的工期。如果此小组决策技术包含确定执行活动的个人，那这项任务也可能提高他们对按计划进行和有效执行活动的重要性的认识。

存在限制条件的工期估算

当项目经理分析为工作活动收集的信息时，大多数信息指向与活动本身的属性直接相关的参数和特征。在某些情况下，项目经理可能会发现影响活动工期的其他因素，必须将这些影响因素考虑在内。外部影响通常会为活动施加各种限制，迫使工期调整或保持为固定值，这样工期上不会有什么变化。限制条件可以有多种形式，但通常在调节工期方面具有相同的特征。

三重限制

无论哪种类型的项目，项目经理几乎都要面临的问题是工作活动的成本、进度和可交付成果的质量之间的关系。这称为三重限制（见图7-3）。如果一项工作活动对可交付成果及其所需资源材料有特定的要求，则三重限制因素中的第三项因素是完成可交付成果所需活动花费的时间。

图7-3　三重限制因素

三重限制要求保证成本、进度和可交付成果的质量，以在预算和分配的时间内完成活动目标。如果其中一项限制因素被更改，就会造成以下情况：活动花费比预期更长的时间；需要更多的资源以较高的成本按时完成计划；如果成本不变，要想按时完成计划就会影响可交付成果的质量。如果任何一项限制因素遭到破坏，那么为了保证成本、进度和可交付成果的完成，三重限制因素中其余的一项或两项将受到影响，这可能是客户所不能接受的。项目经理有责任准确地估算活动中的这三个参数，避免因三重限制而降低标准。

自上而下 / 自下而上

项目经理可以通过管理工作活动中的三重限制因素来执行任务，他可能还必须应对项目和组织内的其他影响。根据组织中项目的大小和复杂性，项目经理可能会发现本项目活动的资源可用性承诺发生了变化。如果在劳动力水平上看到了这些变化，并且人力资源和其他资源（如设备和材料）的可用性也遭到了破坏，这就是自下而上的限制。绝大多数情况下，只有日常运营会改变有关资源的可用性。例如，人力资源方面可能会遇到员工患病或受伤的情况，从而使工作活动延迟；不可预见的天气变化可能也会对完成工作活动有影响；工作活动层次的其他基本要素可能会给准确地估算工期带来挑战。

如果影响来自较高层级，如组织中的职能经理、其他管理层和行政人员，且这一层级可能会决定工作活动的不同行动方案或影响工期估算的替代资源分配，这称为自上而下的限制。根据工作活动的信息，项目经理可能会对工期有非常准确的估算，但高层管理人员可能会要求他们采取不同的行动方针，这就会改变工作活动的初始估算值。可能甚至有必要为一些特定工作活动的关键资源作出承诺，因为管理层必须根据组织的其他义务对这些特定工作活动进行调整，所以项目经理必须为此设计不同的行动方案，而这可能导致不同的工期估算值。

客户需求

影响工作活动的另外一个常见因素是客户在外部进行的变更。

这类变更需要对估算期限进行重新评估。项目经理通常是客户在项目上的联系点，必须留意客户的变化，这些变化会导致项目进度和/或预算或交付物的参数或特征发生变化。最好能开发一个需求变更的流程，用文档记录客户需求的变更，经过分析和批准后才在项目上正式变更。该过程可以为项目经理提供帮助，因为可交付成果的范围变更可能会导致预算和进度的变化，可以在项目基准上调整，并在项目中正式说明。这是处理变更的最佳情况，因为项目经理实际上可以直接对工作活动进行变更以反映新需求。

如果未执行此变更流程，则客户对变更的请求可能导致交付内容范围的额外变更，从而增加成本并延长工期。在这种情况下，项目经理难以控制原始预算和进度。这称为范围蔓延。项目经理在最初估算活动的工期时，必须对客户提出的任何变更需求进行认真的记录。如果变更获得批准，则需要调整估计的工期，以获取可能影响项目总体结果的新信息。对变更需求的仔细分析还可能揭示在变更之前不存在但在变更过程中产生的需要考虑的新的限制条件；批准过程中要考虑这些新的限制条件。

后继/前置活动

项目经理在最初创建项目活动网络时，可以看出后继关系和前置关系，还可以获悉这些关系可能会为特定工作活动增加限制条件。在每项工作活动的信息收集过程中，重要的是注意特定活动是否有关键的开始或完成时间，以为相应的后继活动或前置活动确定限制条件。这项任务在网络的初始设计中至关重要，项目经理由此可以确定可能消除或减轻某些限制对工作活动影响的替代路径。在项目活动排序的设计阶段，由于工作活动之间关系的可见性，项目经理对创建或消除后继限制和前置限制的影响最大，如图7-4所示。

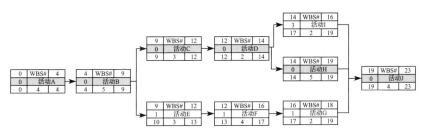

图7-4　网络图中的前置和后继限制

如活动I和H在活动D完成之前无法启动。但是，可以确定并不需要D作为前置活动，并且可以将其放置在网络中的其他位置。活动D不依赖于活动C，两者可以同时执行。这样的信息可以为项目经理提供一些选项，来更改网络中的某些活动关系和位置，从而减少限制并改善总体项目进度，如图7-5所示。

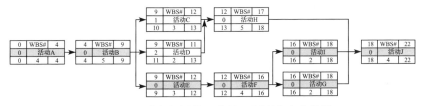

图7-5　减少新网络图中的限制因素和依赖性

项目经理应尽早发现这些限制因素，以正确地制订关键时间表，并确定对某些关键的工作活动进行应急评估的可能性。对于项目经理来说，还要认真对待这些分析，根据活动关系可能存在的限制条件进行准确的工期估算。分析后继限制和前置限制之间的关系以及在网络中进行的相应变更的过程称为工期综合分析。

项目经理进行变更的最佳时间是在项目计划的设计和开发阶段。大多数情况下，在开发阶段，工作活动尚未开始，如果进行了适当的分析以确保完成最有效的活动排序，则可以轻松地对工作活动参数和工作活动进行简单的变更。在此期间，项目经理可以根据一项活动可能对相邻活动产生的关键限制来征求主题专家的建议，以决定活动的正确排序。可以创建并运行网络模型，再进行顺推法和逆推法分析，由此估算出项目总工期以及某些具有前置/后继限制条件的关键工作活动的影响。网络模型还可以显示活动可能具有的时差，这些时间可以用于项目活动的工期估算。项目经理应在项目开始时把握这一机会，利用工具来理解每项工作活动，并进行变更（如果需要的话），以使整个项目的效率最大化。

情景分析法

项目经理使用网络图分析各种具有工期限制条件的关键工作活动和估算工期的各种方法之后，就可以为创建项目计划分析不同的方案了。部分分析结果可能包括：在资源既定的情况下对如何实际执行活动的略微变更；增加或缩减预算的可行性；工作活动所要求的实际可交付成果的任何调整。也可以合并活动，更好地利用资源并减轻或消除后继或前置关系限制可能产生的影响。总而言之，项目经理最好的办法是跳出已有的思维模式，在理解如何消除限制条件对单个工作活动和整个项目的影响时，尽可能地发挥创造力。

模拟不同的网络图结构，并了解其对项目的外部影响，可能会探索出更好的方式来组织项目活动，消除不必要的压力和限制。在某些情况下，这可能需要征得客户的同意，以对交付的产品进行细微的变更，消除可能对项目不利的限制。主题专家还可以通过提出某些项目的设计和 / 或制造的替代方案来消除限制条件。对于项目经理而言，重要的是考虑替代方案和情景，在制订项目计划时减少或消除工作活动的限制或潜在风险的发生。

进度安排结论

在制定项目进度安排时，项目经理会发现工期估算是项目计划总体开发中最困难也最关键的过程之一。项目经理还应该理解，考虑到项目大小和复杂性以及可用资源的不同，估算工期时，最好在收集信息、征求专家意见以及分析最有效的活动排序时寻求一些帮助。也有一些估算方法可以得出可量化的绝对工期值，并在信息缺失的情况下进行工期估算。

工期估算的过程最终会在活动级别上影响项目，并影响项目内主要时间点的计划以及组织内其他项目和项目群的资源分配。活动工期估算不仅涉及特定信息，还必须考虑其他项目或项目群中可用资源的影响以及在工期估算和在项目中对活动进行排序时可能产生的影响。我们在本章详细讨论了工期估算，影响工期估算的关键因素可分为以下三种基本类别：

信息收集——信息收集是定义活动需求的基础。工作活动中收集的信息的数量、准确性和类型至关重要。信息可以揭示特定工作活动与其他活动之间可能存在的关系（如前置关系或后继关系）以及关系带来的限制条件。有关活动的信息还揭示了将使用哪种类型的工期估算方法及估算的准确性。重要的是，项目经理和在信息收集过程中协助他的人员必须了解收集到的信息的数量、质量和准确性的重要性。

工期估算方法——通过在每个工作活动中收集的信息，可以看到是否有相关活动的属性和参数的详细信息决定了哪种估算方法可以更准确地进行工期估算。项目经理可使用绝对参数估算方法，以明确定义工期。如果信息表明了可能影响工期的各种正面和负面影响，则项目经理可以选用合并一系列数据的方法。在某些情况下，根本没有足够的客观信息来得出活动的工期，项目经理不得不根据为该特定活动所收集信息之外的数据来选择一种估算方法。

网络图分析——项目经理使用活动信息选择工期估算方法并得出估算值后，下一步应该通过分析网络图来验证每项工作活动与其他所有活动相关联的估算值的准确性。通过对估算工期中的前置和后继关系以及活动和可选路径的正确排序分析，可以知道有关限制条件的信息。整个工期估算的过程十分关键，因为它会影响项目计划的总体设计和估算的完工时间。这也是项目经理变更网络内工作活动的顺序和连接以减轻或消除基于限制的风险最灵活的地方。

活动级别

工期估算对活动级别的影响最大，此时资源的利用和与相邻活动关联的时间安排至关重要。这是项目经理在制订项目计划时的首要任务，因为他设置了每个工作活动与相邻活动之间所有关系的初始结构以及这些关系将产生的影响。设置活动工期的同时也规定了资源和材料的使用时间范围，项目经理或项目人员需要合理规划这一工期。网络分析能够确定活动的时差，这样可以缓解一些活动对时间的紧张要求。我们可以从关键路径看出，不是所有活动都如此。关键路径上的活动通常没有或者只有很小的时差，还要通过增加限制条件来管理资源以保证在指定的工期内完成活动。准确估算活动工期是项目经理在项目计划的初始制定中非常重要的过程。

项目重要节点

在制订总体项目管理计划以及活动的计划和排序时，项目中通常会有一些重要的时间节点。这些节点需要工作人员采取一定的行动，之后再进行下一步的项目活动。这些节点可能是项目经理设计的用来暂时停止活动的简单停止点。项目经理必须清点已完成的工作，以确认项目活动如期进行且符合预算，并处理活动继续之前可能需要解决的任何问题。无论是否有其他节点要求，对于项目经理而言，这都是明智的选择，因为他有权在整个项目运作过程中确定审核点。

重要节点可以位于组织内部或外部，可以由项目经理设计，也可以根据组织的管理要求或基于项目类型的外部要求强加在项目中。一些设有项目管理办公室的组织可能需要设计重要节点，以便其他管理人员在整个项目生命周期中进行项目审查。也可以从客户需求（如产品开发）的外部创建重要节点，原因是客户希望查看在项目中创建的某些内容，以确保符合项目总体目标。根据州、地方或联邦监管停止点的检查要求，也可以从外部创建重要节点。重要节点常出现在建筑行业，因为建筑物需要定期检查。

因为这些节点可能是由项目经理设计的，也可能是由内部或外部需求强加的，所以可以为项目带来工期限制因素，影响工期估算，这些限制和进度估算反过来也会影响重要节点的进度。如果项目经理已经设计好活动关系网络并确定了最有效的活动排序，那么在那之后强加重要节点，就会产生冲突和限制，因为重要节点具有与之关联的活动，不一定有常规工期，而强加重要节点会影响原本活动的确定性。比如，对地基进行检查可以设计成一天完成的重要节点检查。但实际上，检查员可能无法确定在特定的哪一天检查，因此可能会导致在安排下一项活动的开始时间时出现问题。

同样，如果项目经理不能准确地估算重要节点所需的时间，那么重要节点本身也会产生问题。例如，在原型开发中，（根据组织内部的要求而设计的）重要节点部分是在开发阶段设计的，没有发布时间的要求，但是客户并不知道重要节点的存在。客户希望在特定日期交付原型，但重要节点对审查的内部要求可能会导致延期。尽管最初的目的只是简化过程，但由于需要对该节点和计划外的操作进行审核，因而影响了整个项目进度。

通常来说，项目生命周期内存在重要节点是一件好事，但更重要的是要将它们设计到项目进度计划中，并且每个重要节点都要有相应的工期估算，这样一来，每个重要节点的时间范围都比较宽松。有些重要节点可能只需要简单的签字审核，不需要多少时间。但大多数情况下，即使是签字批准也可能需要等待几个小时甚至一整天。

项目和项目群

当项目与组织中的其他项目和项目群共享资源时，活动工期估算可能会产生一些影响，也可能被影响。一般来说，在初始信息收集过程中会记录这些影响，方便经理在估算每项活动的工期时参考。在大多数情况下，如果某项资源属于多个计划中的关键资源，则项目经理有责任就资源可用性与其他项目经理、项目群经理和职能经理进行协调。考虑到资源的可用性，这一点是活动工期估算的重要因素，还可能影响其他活动在网络中的排程。

在大多数组织中，项目经理不应该凭空管理项目，并希望所有资源都可以按照项目计划的设计来使用。尽管项目经理可能会按计划和预算正确地控制他负责的项目，但其他项目可能并没有那么幸运，可能会出现工期延迟的情况，从而影响组织中其他项目的资源可用性。尽管项目经理直到项目启动之后才会了解到这些问题，但他应该提前知道某些具有关键调度要求的资源，关注这些资源在其他项目上的应用，如果有延期，可以及时获得最新消息。这为项目经理敲响了警钟，并提醒项目经理在必要时根据更新资源的可用性制订备用计划。

在某些组织中，项目主管在监督几个项目的同时，还可以管理关键资源的使用，并根据活动计划中的限制条件来协助分配资源。项目主管通常在其项目群内跨项目资源利用和分配的影响中起着至关重要的作用，因为这会影响项目是否能按进度计划和预算顺利进行。对于项目经理来说，向项目主管传达项目活动的准确状态也很重要，因为这些信息会影响其他项目所需的关键资源的可用性。

当项目经理完成其项目计划的初始开发（通常包括网络图中活动的排序）时，项目主管可以调整多个项目的进度，以确保多个项目的资源可用性。在这一点上，准确的工期估算非常重要，因为项目主管将根据工作活动的调整和多个项目之间的资源分配来启动项目。对于项目经理来说，确保项目能够按时完成十分重要，因为只有项目成功，才能保证其后项目中资源的可用性。

■ 思考与讨论

1.讨论各种工期估算方法之间的差异以及它们的优缺点。

2. 讨论三点估算法的主要优势。

3. 说明如何应用应急评估。

4. 解释在工期估算中使用自上而下与自下而上方法的限制因素。

■ 应用练习

案例研究：克兰顿·鲍尔数据中心（见第 4 章）

案例研究练习

1. 根据案例研究中可用的信息选择活动工期估算方法进行工期估算。

2. 可咨询哪些主题专家？

3. 有没有可识别的成本估算限制条件？

4. 确定每项活动的工期估算值。

第 8 章

进度计划制订

进度计划制订是由收集到的所有适用于完成项目可交付成果的信息得出最终结论的最后一个阶段。进度计划制订要包含如何以及何时实现项目目标的策略，包括：正确确定项目目标的总体范围；客户需求；将可交付成果分解为工作活动；每项工作活动在成本、资源和计划方面的要求。项目经理要根据拟议项目的规模和复杂性以及组织结构，来制订全面有效的工作活动进度计划。

如果是小型的项目，必须考虑的活动、需求和限制条件很少，项目经理一般可在很短的时间内就制订好项目进度计划。在这种情况下，项目经理可以快速行动并开始第一个项目活动。在其他情况下，可能面对的是规模很大且非常复杂的项目，甚至可能包含数百项工作活动。这种项目可能涉及数千人以及其他非人力资源。这些资源可能具有非常复杂的前置和后继关系，让进度计划的制订变得非常困难。在许多情况下，项目经理可能会让项目人员帮助收集信息并分析工作活动，以便在制订项目进度计划之前更好地了解事件的发生顺序。有可能要花费几个月，甚至更长的时间来进行复杂的计算，并分析工作活动以得出资源需求、成本和工期的客观结论。重要的是，项目经理必须了解项目的关键性质，要收集尽可能多的数据以量化每个工作活动的特征和参数。这些信息可用于对工期的分析，最终体现在项目进度计划的制订上。

项目经理还必须了解可用于分析工作活动以及与其他活动的关系的工具和技术。所有这些活动构成了定义项目进度计划的活动连接网络。此外，项目经理必须对完成的计划进行分析，确保其正确，并确定整个活动网络中的任何限制条件或风险。活动连接网络还可以揭示重要活动的最关键路径，控制项目预算和进度。收集有关项目活动的准确数据和进行工期估算非常重要，这在项目进度的总体制订中起着重要作用。

本章简要回顾了应该如何收集有关的计划需求以及组织和资源限制条件与需求的信息。本章还介绍了基本的网络图绘制方法、进度计划开发和分析工具以及项目进度计划的适当存档和管理。在组织开始第一个项目活动之前，必须正确制订项目进度计划。一般情况下，项目经理必须在项目开始之前报告总预算和预计完工时间。制定进度计划可以帮助项目经理安排所有的活动，以便确定和量化成本结构和进度计划结构的预估值，也让利益相关者对创建的内容、成本以及何时完工有精确的概念。包含项目章程和工作范围的说明书仅对成本和进度有粗略的估算，但项目进度计划不同，项目进度计划应对成本和进度要求进行极其精细和准确的估算。

进度要求

开始着手工作前需要收集一些信息。在大多数情况下，工作活动的完成必须考虑某种形式的限制条件或要求。制订项目进度计划必须考虑很多因素。这要求了解在开发项目可交付成果时已确定的每项活动的所有要求和限制条件。项目可交付成果的工作说明书或规范中要求的特定信息可以帮助项目经理理解某些计划要求，但这些信息可能并不够，还必须收集其他信息，如资源的可用性、其他计划限制因素的要求以及组织内部或外部的影响因素。在制订项目进度计划时，项目经理必须知道，准确的信息对于显示每项工作活动的需求以及如何在项目进度计划中对活动进行排序和控制至关重要。

信息收集

要想准确制订项目进度计划，首先要检查收集的信息，定义预期的项目目标以及开发和完成生产项目可交付成果所需的每项工作活动。重要的是，项目经理必须密切关注如何收集信息、谁在收集信息、收集哪些信息以及从什么来源收集信息。信息的准确性很重要，因为这是工期估算以及制订进度计划的主要决定因素。信息准确性和相关性的关键是信息来源的可靠性。对于正在收集信息的人来说，了解信息来源非常重要，因为信息来源可能决定着信息是否相关和准确。项目经理和项目人员也可以使用以下信息来源：

项目章程——项目章程是较高级别的文件，一般来说结构并不是很紧凑，只概述了项目的总体目标。项目章程主要用于向上级管理人员做报告，用作审核和批准项目以及指派项目经理来监督项目计划的制订。章程中可用的信息可能已与客户沟通过、内部确定过或者组织与客户之间已达成了共识；这些信息也有助于理解总体项目进度计划中必须考虑的要求。

项目范围说明书——这份说明书通常包含更具体的信息来定义项目目标的范围，也包含有关项目可交付成果的更多详细信息。这些信息可能会为项目经理制订主项目进度计划提供一些启示。项目范围说明书通常可以帮助项目经理了解工作活动的边界或要求，更方便地进行工期估算，确保工作不会超出要求的范围。

客户规范——有时候，客户可能已经制定了规范，以更详细地标识可交付项目的特定部分的特征、属性和参数。这种类型的文档对于项目经理来说非常有用，项目经理可以根据资源的可用性进行工期估算，这不仅有助于理解项目的范围，还可以知道需要哪些资源。

工作分解结构——用工作分解结构的形式记录特定的工作活动对确定工期和提供活动顺序的初始可视化非常有用。工作分解结构是一种有价值的工具，可以为工作活动的网络图提供信息。

特定的工作活动信息——将项目可交付成果分解为最小部分（工作包）后，项目经理需要确定每个工作包活动的资源、材料、成本和工期的要求。项目人员收集的活动信息是项目经理在制订项目进度计划时要审查的主要信息来源，因为这些信息通常是可用于每项工作活动的最详细、最准确的信息。

组织要求——因为项目经理在制订项目进度计划时首先必须关注特定的活动信息，所以项目外部和组织内部的其他因素可能会给项目带来一定的限制。在制订进度计划时必须考虑这些限制因素。组织自身可能就有适当的政策和程序，项目经理必须将这些政策和程序纳入资源的分配和计划中。如果这个项目只是项目群中的一个项目，那么项目群负责人可能要根据也使用组织资源的其他项目工作活动来批准某些资源和／或安排工作活动。在某些情况下，组织的财务状况可能也会阻碍某些工作活动，为活动筹集资金的可用性增加限制。

外部影响——根据项目的规模和复杂性，外部因素（如合同资源的可获性、法规要求、天气和其他外部影响）可能会给项目经理制订项目进度计划带来挑战。

项目范围

在制订项目进度计划时，项目经理要重新审视每个项目活动，确保不会出错。项目经理必须确保每个活动的工作范围都在项目的总体可交付成果和目标的要求之内。但项目经理常犯的一个错误是，在将可交付成果分解为最小的部分之后，信息收集会产生大量数据来表明活动的特征，因此某些工作活动可能会扩大项目范围，需要花费更多资源和时间才能完成。这可能是因为客户要求将更多项目包含在需要较长时间的特定工作活动中，也可能是项目管理人员过度开发某些工作活动的结果，导致该工作活动现在需要投入更多资源和时间才能完成。项目经理必须注意，所有工作活动都应在最初计划的范围内，这便于管理工期预算，确保总体项目进度不受影响。

资源需求

因为大多数项目都需要资源来执行工作活动，并且整个组织都需要各种资源才能完成项目目标，所以项目经理必须关注组织在项目资源的可用性和利用率方面可能存在的某些限制。小型组织可能根本没有项目活动所需的一些资源，因此项目经理必须与外部资源签约才能满足相应的资源需求。拥有充足资源的组织可能有某些特定的资源使用要求，如进度的可用性、资源在设施间的运输以及用户对设备的授权要求。

很多时候，项目经理必须征集外部的人力资源。要想这样，需要对合同中要求的人力资源的技能、薪水和其他方面进行评估，然后才能将这些人力资源用于项目活动。项目经理应对人力资源合同与设备的外部资源合同一视同仁，都应该由组织中具有合同撰写和谈判技能的人员对其进行审查。而且，必须在计划活动之前满足以上要求。在某些情况下，这可能会影响资源的可用性。

客户需求

尽管大多数项目都有需要项目可交付成果的客户，但客户在项目目标的初次谈判中可能并不完全了解可交付成果的所有要求。客户可能会在整个项目生命周期中进行变更，而这些变更必须通过变更请求流程进行管理，这可能会影响工作活动的工期。在进度表的初始制订中，最好由客户来确定尽可能多的变更，以便项目经理可以合并将对工期产生影响的任何变更。客户也可能有其他需求，如可能难以量化具体时间的对重要节点的检查。

有时候，客户可能会就某些项目活动的参与度进行协商，这些活动需要特殊的计划注意事项和安排，在项目进行期间必须仔细管理。客户还可能要求交付部分工作活动以进行检查和测试。可能很难对这类活动工期的进度进行量化。如果客户在特定时间安排了活动来交付项目的组成部分，则项目经理通常有责任遵守项目进度计划，确保及时交付。在某些情况下，项目经理可能会在进度计划中为这类活动设置缓冲区，避免项目运行期间产生延迟。

进度结构技术

根据项目的规模和复杂性，项目经理需要选择项目活动的基本结构，使其能够以连续的形式安排活动并监督和控制工作活动，保证项目可以在指定的进度计划内完成。在某些项目中可能可以同时完成多项活动，但其他项目可能会涉及前置关系，必须先完成某项活动，才能开始下一项活动。这些项目活动的结构可以采用不同的形式，具体取决于项目经理如何记录活动的顺序。

在选择记录工作活动的结构类型时，项目经理还需要考虑如何安排这些活动的资源，以及如何将工作活动传达给其他项目人员。如果结构令人困惑或难以理解，在尝试记录活动的结构时就可能会引起更多问题。就执行活动的方式而言，结构必须遵循逻辑流程，以便项目经理和其他项目人员可以清楚地了解活动的顺序。如果项目经理参与了有关项目的可交付成果以及如何将可交付成果分解为工作活动的讨论，可能会发现在讨论与项目构建之间存在明显的时滞，因此关于活动具体顺序的详细信息可能已经丢失。所以，项目经理必须开发一种结构，以准确地显示易于理解和传达的活动顺序。

进度结构

在确定用于特定项目的进度计划结构类型时，项目经理必须考虑几个参数。项目的规模和复杂性会决定需要进行多少单独的工作活动，并且项目的总工期估算也可能会影响将要使用的结构。根据项目可交付成果的类型和生产该可交付成果所需的工作活动，项目管理使用的结构主要有两种：活动布置结构和活动层次结构。

活动布置结构

活动布置结构主要用于工作活动较少的较简单的项目，在这种结构中，工作活动最好可以同时进行和完成。这种结构的基本思路是，在资源可用时同时安排工作活动，并在项目结束时对活动进行整合来完成总体目标。

活动布置结构的典型例子是程序开发项目，其中程序的几个组成部分需要同时编写和开发。最后，它将被整合成表示过程的主文档。活动布置结构如图 8－1 所示。

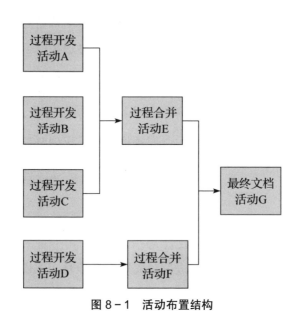

图 8－1 活动布置结构

活动层次结构

应用活动层次结构（通常称为工作分解结构）的项目通常是独立活动以及具有前置和后继关系的活动的组合。这种结构从主要交付物开始；接着记录了如何将项目的各部分依次分解为较小的部分，直到最小的工作活动变得可视化为止。此结构具有一个互连属性，互连属性可以确定活动的顺序，以及活动之间的前置和后继关系。

房屋建造项目是活动层次结构的一个例子。顶部显示了完整的房屋，下面被细分为如初始工作、地基、框架、电气布线和管道布线等较大的部分，在这些部分下面是更细化的实际工作活动。显然，某些工作必须在其他工作活动开始之前完成，如图 8-2 所示。

1.0		建造房屋
1.1		初始工作
	1.1.1	制订计划
	1.1.2	获得许可
	1.1.3	获得资金
1.2		地基
	1.2.1	平整地面
	1.2.2	地基标记
	1.2.3	挖沟
	1.2.4	安装模具
	1.2.5	安装子管道
	1.2.6	安装子电路
	1.2.7	安装钢筋
	1.2.8	检查
	1.2.9	浇筑地基
	1.2.10	浇筑混凝土地基
1.3		框架
	1.3.1	构架墙
	1.3.2	安装屋架
1.4		电气布线
	1.4.1	安装主配电盘
	1.4.2	安装配电箱
	1.4.3	拉线
1.5		管道布线
	1.5.1	安装地下排水管道
	1.5.2	安装铜线

图 8-2 活动层次结构

网络图

在制订了计划结构并定义了用于工期估算的工作活动之后，需要对活动的正确排序和活动之间特殊关系的属性进行分析。网络图就是一种出色的分析工具。网络图可以很直观地说明工作活动如何依次相互连接。根据特定的要求，某些活动将作为前置或后继要求的活动进行连接，而某些活动可能会在与其他活动同时执行时显示在不同的路径上。通过分析在每个活动上标注的工期，可以推算出项目的总工期、每项活动的时差以及关键路径。网络图还有助于分析不同的情景，在这些情景中可以按顺序或在其他路径转移活动，这些活动可能会形成一系列更合理有效的活动集以完成总体目标。这一过程称为使用网络图的进度优化。

通常使用关键路径法（CPM）来呈现网络图，用活动关系、连接以及活动的工期来计算项目的总工期。顺推法和逆推法可以为路径中的每个活动标识可用的时差。识别通过网络的每条路径并添加工期的标志，可以揭示通过网络的最长路径，即关键路径。如前所述，该过程从活动依赖关系矩阵（请参见第5章"活动排序"）开始，定义了活动的工期和前置关系，而这两项是创建可用于规划活动进度和资源的网络图的基础。根据图8-3中的信息，图8-4中所示的基本网络图以串行依赖关系来识别工作活动和关键路径。

WBS#	活动	工期
1.2.1	A	2
1.2.2	B	1
1.2.3	C	1
1.2.4	D	1
1.2.5	E	2
1.2.6	F	3
1.2.7	G	2
1.2.8	H	1
1.2.9	I	1
1.2.10	J	1

图 8-3 活动依赖关系矩阵（串行）

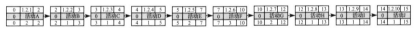

图 8-4 关键路径法（CPM）网络

显示活动前置和后继关系的网络图使用的图表类似于关键路径，它称为前导图法（PDM）。这种方法采用了网络的关键路径方法，并结合了先前连接的要求，这些要求可能会根据活动依赖性和要求而改变网络中的某些路径。图 8-5 和图 8-6 是活动依赖关系矩阵和相应的网络图，它们显示了与图 8-3 和图 8-4 相同的工作活动；在这种情况下，重新评估了某些依赖关系之后，可以确定更改网络以包含串行和并行的前置要求。前导图法帮助项目经理评估网络中的所有活动，以优化资源并安排工期。

限制理论

随着项目经理进一步分析和制订项目进度表，很明显，关键路

WBS#	活动	前置活动	工期
1.2.1	A	N/A	2
1.2.2	B	A	1
1.2.3	C	B	1
1.2.4	D	C	1
1.2.5	E	C	2
1.2.6	F	C	3
1.2.7	G	D, E, F	2
1.2.8	H	G	1
1.2.9	I	H	1
1.2.10	J	I	1

图 8-5　活动依赖关系矩阵（串行和并行）

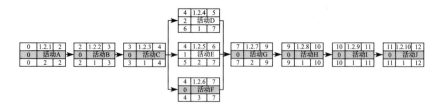

图 8-6　前导图法（PDM）网络

径上的活动比其他活动更加重要。有时候，项目经理和 / 或职能经
理可能要给员工增加压力才能确保按时完成任务，或者通过推迟项
目的启动时间来保证人力资源的可用性。在这种情况下，项目经理
还可以选择改变影响产品质量的工作活动范围，或将更多资源投
入活动中，但这会给项目带来更高的成本。为了避免出现这种情
况，项目经理可以选择使用关键链项目管理（critical chain project
management，CCPM）方法。这种方法会出现以下三种情况，有可
能对整个项目产生正面或负面影响：

- 建立多任务资源；

- 任务估算评估；

- 监督个人以完成工作活动。

最终，所有的项目都有限制条件，要求项目经理评估网络中的活动关系或者限制条件本身，并确定缓解或消除限制的可能解决方案。解决活动限制的第一步是使用关键链方法（CCM）识别它们，随后，项目经理会记下关键路径上的哪些活动在管理中需要特别注意。不过，还有一种方法可以降低某些关键路径上的活动拖延进度的风险。

戈德拉特（Eliyahu Goldratt）提出了生产环境的限制理论，并在《目标》（North River Press，1984）一书中首次阐述了这一概念。戈德拉特确定了五个涉及限制条件的步骤，可以对最关键的限制条件进行整体识别，并有可能消除它们：

1. 找出存在哪些系统限制条件。确定主要的限制条件和存在限制条件的根本原因。

2. 寻找突破系统限制条件的方法。确定主要的限制条件后，要评估项目网络中的其他活动，以了解该限制条件在整个网络中的影响。必须在组织级别完成此评估，因为这些限制条件可能会在整个组织内产生连锁反应。

3. 使其他所有内容服从系统限制条件。如果限制不可避免，则项目网络中的所有活动都必须服从该主要限制条件。

4.解决系统限制条件。在组织内进行评估，确定可能的消除限制条件的解决方案。这可以让限制条件不再对网络内的工作活动安排产生重大影响。

5.重新评估新的系统限制。消除主要的限制条件后，项目活动中其他限制条件可能会浮出水面，成为新的关注点，并且之前的步骤可以应用到下一个限制条件中。

戈德拉特在生产情境中使用限制理论，向经理和行政人员展示了如何重点关注限制条件在工作活动环境中可能产生的影响。这些限制条件通常被视为生产环境中的难题，但它们对项目（尤其是关键路径上的活动）也会产生瓶颈效应。项目网络中的限制条件可能是基于活动的依赖关系和前置关系而产生的，也可能是活动本身产生的进度问题。限制理论在项目管理中的使用又称为关键链方法。

关键链方法

在项目经理和项目人员使用网络图方法制定初始进度表的过程中，会使用顺推法和逆推法进一步分析，计算总体项目工期和单个活动时差。很明显，某些活动可能需要一定的时间来缓冲或填充以缓解或消除潜在的进度计划冲突。活动中的限制条件可能来源于活动所需的资源类型或资源的可用性，进度缓冲的方法是项目经理减轻某些限制影响的方式之一。戈德拉特建议在单个活动的工期估算中使用填充的方法，这样负责活动的人有80% ～ 100%的概率可以按时完成活动。在现实中，完成概率为 50/50 的中位时间一般有 30% ～ 50% 的缓冲。戈德拉特提供了一些理论来解释出现这种情况的原因：

- 帕金森定律——员工会用完分配的所有时间，而不管完成任务实际要花多长时间。
- 自我保护——员工不愿意提早完成任务，拒绝就效率进行沟通，拒绝为之后任务的预算和标准提供先例。
- 掉棒——后继活动尚未准备好开始，前置活动已提早结束，导致活动之间浪费时间。
- 过度的多任务处理——通常在资源优化中鼓励多任务处理，但过度使用多任务处理实际上会增加工作活动的时间。
- 资源瓶颈——关键资源的可用性限制可能导致延迟。
- 学生综合征——活动启动的拖延症可能会耗尽活动工期中的宝贵时间。

出于多种原因，可以在工期中预留缓冲期。缓冲期通常用于减少活动完成中的风险，因此可以更有效和有策略性地将它们放置在网络中。这种方法称为关键链方法。它的基本原理是利用 50/50 原则将实际工期压缩 50%，并在网络中重新分配缓冲区。如图 8 - 7 所示，每个活动的工期都压缩到 50%，并将缓冲区放在末端以应对任何不确定性。图 8 - 8 显示了最初的活动工期和关键路径。图 8 - 9 给出了关键链方法缓冲的示例。

活 动	初始估计	调整后估计 50%
A	6	3
B	10	5
C	8	4
D	4	2
总计	25	14
增加缓冲	N/A	14
总计	28	28

图 8-7 活动调整 50% 原则

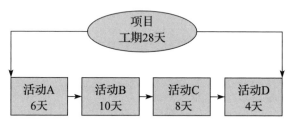

图 8-8 初始关键路径

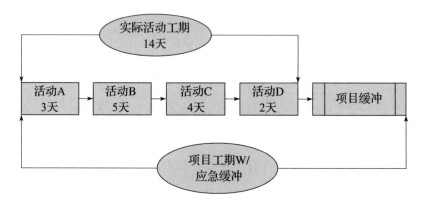

图 8-9 关键路径法缓冲

可以在非关键路径中使用名为汇入缓冲的网络缓冲。关键路径上使用的缓冲称为项目缓冲，如图 8-10 所示。

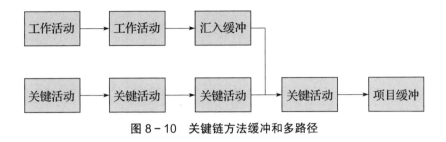

图 8-10　关键链方法缓冲和多路径

进度分析

使用网络图方法对工作活动进行初始安排，对于确定活动的正确排序和基于依赖关系的活动连接非常有用。因此，网络图还可用于分析项目的绩效。顺推法和逆推法是计算项目总工期、找到工作活动中的可用时差，确定关键路径的第一步。然后，可以根据网络中活动位置的选择，将该信息用作进一步分析管理限制条件以及调整资源分配和项目总体绩效的基础。项目经理应使用不同的情景分析来确定活动的顺序，通过减少限制条件和缩短项目的总工期来提高项目绩效。

当项目经理使用网络图进行评估时，显而易见，某些活动可能需要调整资源，另外一些活动可能需要重新估算工期。然后可以使用其他工具对项目活动进行变更，变更范围包括资源、进度、灵活性以及网络中活动的最佳位置和资源分配。首先要关注的是每项活动需要哪些类型的资源，以及每项活动与需要相同类型资源的其他活动之间的关系；这称为资源负载。

资源负载

当项目经理考虑每项工作活动和所需的资源时，需要为整个项目网络中的每项活动安排所需的各种类型的资源。在将资源安排或"加载"到项目进度计划中时，项目经理需要分析每项工作活动所需资源的类型和数量。这一信息也可以用每种资源类型的工作活动的小时数来表示。如果每项工作活动仅需要针对该活动的特定资源，项目经理的工作就会轻松一些，因为从每项工作活动所需资源的可用性和工作时间来看，仅需要数量既定的资源。但当项目的多个区域需要相同类型的资源时，就可能会出现问题，在某些情况下，并行活动对基于有限可用性的资源分配提出了限制。图 8-11 所示的简单进度计划说明了典型的资源负载，活动排序的相应网络图如图 8-12 所示。

电信原型机项目——资源负载						
活动	描述	研究 科学家 （RS）	电气 工程师 （EE）	机械 工程师 （ME）	装配员 （AS）	测试 技术员 （TT）
A	开发需求	3 天	3 天			
B	设计壳体组件			5 天		
C	设计配件 A		4 天			
D	设计配件 B		8 天			
E	设计配件 C		8 天			
F	装配与调试 B 和 C		1 天		1 天	1 天
G	最终装配		1 天		2 天	
H	最终调试		1 天			2 天

图 8-11 资源负载进度计划

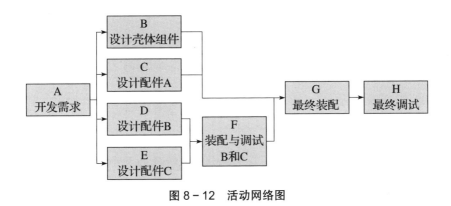

图 8 - 12　活动网络图

已确定的是，电气工程师资源存在过度分配的问题，这对使用当前资源按计划完成的活动造成了限制。如图 8 - 13 所示，短时间内需要太多的工程时间，因此可能需要更多的工程师资源才能在预定的时间内完成任务；如果资源数量不变，则需要项目经理增加更多时间来完成任务。

如果发现资源可用性不平衡，或资源被安排在多个工作活动中，则需要对资源的安排进行一些调整，重新安排多项活动在特定时间范围内所需的资源量，或者对活动进行调整。这些调整称为资源平衡。

资源平衡

开发活动网络的优点之一是，随着时间的推移和项目的进行，可以更好更直观地显示每个活动所需的资源。可以基于资源的可用性以及活动开始和完成日期的时间来识别已产生的限制条件。对项目的评估可能会带来一些项目的调整，某些活动的开始和完成日期可能会使资源得到更有效的利用。

资源负载需求

资源	1	2	3	4	5	6	7	8	9	10	11	12	13	14	15	16	17
A. 开发需求	RE SE	RS SE	RS SE														
B. 设计壳体组件				ME	ME	ME	ME	ME									
C. 设计配件 A				EE	EE	EE	EE										
D. 设计配件 B				EE	EE	EE	EE	EE	EE	EE	EE						
E. 设计配件 C				EE	EE	EE	EE	EE	EE	EE	EE						
F. 装配与调试 B 和 C												AS EE	TT				
G. 最终装配														AS EE	AS		
H. 最终调试																TT EE	TT
可用资源： RS=1 EE=2 ME=1 TT=1 AS=1	RS 8 EE 8	RS 8 EE 8	RS 8 EE 8	ME 8 EE 24	ME 8 EE 24	ME 8 EE 24	ME 8 EE 24	ME 8 EE 24	ME 8 EE 16	ME 8 EE 16	EE 16	AS 8 EE 8	TT 8	AS 8 EE 8	AS 8	TT 8 EE 8	TT 8

图 8 - 13　过度分配的资源

当给定项目上的多个活动需要相似的资源，或者组织内多个项目需要相似的资源时，必须进行资源平衡。通常，这种情况下的限制条件是数量有限的特定资源，项目经理必须设计跨多个活动或项目的资源利用时间，以有效地管理这些资源。为了平衡资源，项目经理必须关注关键路径上的活动标识的资源，因为关键路径上活动的调整对项目进度的影响最大。资源平衡还要求备用资源调度的可行性，因为限制条件的产生通常是资源在同一时间范围内为两个或多个活动进行调度的结果。在某些情况下，对活动的重新排序可能会导致关键路径的变更，有时会使其变长，创建新的关键路径，或者可能创建第二条关键路径。图 8 - 13 中的信息显示在进度中增加了两天时间。这种变化使活动 C 可以在活动 D 和 E 之前完成，从而平衡电气工程师资源，如图 8 - 14 所示。

资源平滑是通过使用某些工作活动中的可用空闲时间来解决资源利用率的另一种形式。如果已确定某些项目活动中的资源利用存在冲突，则项目经理可以根据该资源在活动中开始工作的要求对资源计划稍作修改。如果活动中可用的空闲时间允许稍稍调整资源的启动时间，那么可以相应修改资源的启动时间和完成时间，在整个项目活动中对资源利用产生平滑的效果。可以利用网络图，根据启动和完成时间的调整来确定可用的空闲区域和可允许资源平滑的区域。这种方法对项目的关键路径和 / 或总工期几乎没有影响。

平衡后的资源需求

资源	1	2	3	4	5	6	7	8	9	10	11	12	13	14	15	16	17	18	19
A. 开发需求	RS EE	RS EE	RS EE																
B. 设计壳体组件				ME	ME	ME	ME	ME											
C. 设计配件 A				EE	EE														
D. 设计配件 B						EE	EE	EE	EE	EE	EE	EE	EE						
E. 设计配件 C						EE	EE	EE	EE	EE	EE	EE	EE						
F. 装配与调试 B 和 C														AS EE	TT				
G. 最终装配																AS EE	AS		
H. 最终调试																		TT EE	TT
	RS 8 EE 8	RS 8 EE 8	RS 8 EE 8	ME 8 EE 16	ME 8 EE 16	ME 8 EE 16	ME 8 EE 16	ME 8 EE 16	EE 16	EE 16	EE 16	EE 16	EE 16	AS 8 EE 8	TT 8	AS 8 EE 8	AS 8	TT 8 EE 8	TT 8

可用资源：
RS=1 EE=2 ME=1
TT=1 AS=1

图 8-14　资源平衡

进度缩减分析

在分析网络图时，可能会发现已估算的项目工期与要求不符，需要再缩短一定的时间。很多时候，这会导致对可交付成果和／或采购范围的调整，或者需要更多的资源来缩短工期，但这样会导致项目成本的增加。项目经理为了缩短工期，必须对活动进行重新评估时，主要使用以下两种工具：

进度赶工——通过增加对预算影响最小的资源分配来缩短工期。这项技术关注的是关键路径上某些活动中的特定领域，解决了这些领域的问题，就可以缩短计划工期。例如，为加快运输速度而支付额外费用或为额外资源支付额外费用。每项活动都会因为进度缩短而导致相关成本的增加，并且每项活动都要根据其他活动来评估缩短的时间量和由此增加的成本。这里的思路是要选择能用最少成本损失取得最大进度缩减的活动，从而缩短总工期。这个过程从项目信息的活动依赖关系矩阵开始，包括前置活动、工期、活动成本以及对每个活动可以缩短多少工期和减少多少成本的估算，如图 8－15 所示。

任务	前置活动	正常时间（天）	正常成本（美元）	赶工时间（天）	赶工成本（美元）
A	～	6	1 200	5	1 400
B	A	4	800	3	1 000
C	B	6	900	4	1 200
D	～	8	1 400	6	1 750
E	D	6	900	5	1 050
F	E	7	1 400	5	1 600
G	C, F	12	2 400	9	3 000
总计	关键路径 ＝ D, E, F, G	33	9 000		

图 8－15　活动依赖关系矩阵

根据图 8 - 15 中的信息，项目经理可以创建网络图并建立关键路径，如图 8 - 16 所示。

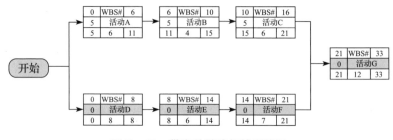

图 8 - 16　带有关键路径的网络图

路径 1：（A，B，C，G）6 + 4 + 6 + 12 = 28（天）

路径 2：（D，E，F，G）8 + 6 + 7 + 12 = 33（天）

下一步是确定可以缩减的工期和减少哪些活动的费用。这一步的关键是以尽可能低的成本缩减工期。为了找到成本最低的解决方案，项目经理必须计算网络中的每项活动每天的赶工成本，如图 8 - 17 所示。

从图 8 - 17 可知，缩短的天数可以有所不同，每项活动的每日赶工成本也可以不同。仅仅缩短关键路径上活动的工期并不总是反映成本最低的解决方案，而有可能会创建一条新的关键路径。如果关键路径上缩短后的工期集合等于另一条路径上的工期，项目经理会继续用这种方法进一步缩减其他活动的工期。必须对工期缩短和成本减少的不同组合进行评估，以确定"最低成本"的组合方式。

下面的例子中将项目工期从 33 天缩短至 26 天：

任务	前置活动	正常时间（天）	正常成本（美元）	赶工时间（天）	赶工成本（美元）	日赶工成本（美元）	关键路径的赶工成本（美元）	新的关键路径时间（美元）
A	~	6	1 200	5	1 400	200		6
B	A	4	800	3	1 000	200		4
C	B	6	900	4	1 200	150		6
D	~	8	1 400	6	1 750	175	350	
E	D	6	600	3	900	100	300	
F	E	7	1 400	5	1 800	200	400	
G	C, F	12	2 400	8	3 200	200	800	12
总计	关键路径 = D, E, F, G	33	8 700	22			1 850	28

图 8 - 17　带有每日赶工成本的活动依赖关系矩阵

解决方案 1：

D – 2　175 美元 × 2 = 350 美元

E – 3　100 美元 × 3 = 300 美元

F – 2　200 美元 × 2 = 400 美元

$\dfrac{C - 2}{26}$　150 美元 × 2 = $\dfrac{300 \text{ 美元}}{1\,350 \text{ 美元}}$

解决方案 2：

D – 2　175 美元 × 2 = 350 美元

E – 3　100 美元 × 3 = 300 美元

$\dfrac{G - 2}{26}$　200 美元 × 2 = $\dfrac{400 \text{ 美元}}{1\,050 \text{ 美元}}$

活动赶工是缩短活动或整个项目工期的有效方法，但确实会增加额外的成本。在某些情况下，可以利用用于风险事件或不确定性的应急资金来管理活动。

快速追踪——关键路径上有一些原为串行连接但在评估后可以并行执行的活动，快速追踪就是通过识别这些活动来缩短项目的总工期。在仔细评估特定的工作活动时，项目经理可能会确定某项活动不存在依赖关系；在这种情况下，经理就可以将这项活动重新安排在关键路径的并行区域内。执行并行活动可以缩短项目的总工期。图 8 – 18 和图 8 – 19 是快速追踪的示例。

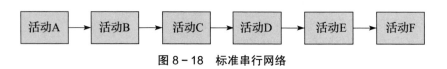

图 8 – 18　标准串行网络

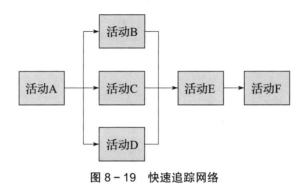

图 8 - 19　快速追踪网络

情景分析

在开发了网络图并审查了工作活动的依赖性要求之后，项目经理可能会发现一些替代方案，允许在网络中进行各种形式的活动安排，从而制订出更有效的项目进度计划。在项目开始时创建网络图的好处之一是可以运行各种项目计划情景，这些情景可以评估有效性、资源利用率和总体项目效率。这个过程称为情景分析。在某些情况下，情景分析要求项目经理跳出常规思路，不按照活动往常的排序进行思考。只有使用不同的活动排序情景完成情景分析时，情景分析才算成功，这需要项目经理在开发方案时具有创造力。图 8 - 20 至图 8 - 22 都是情景分析的示例。

进度方差分析

利用网络图上的活动信息，项目经理可以分析某些活动在关键路径上可能存在的进度方差的大小。这项评估非常重要，可以让项

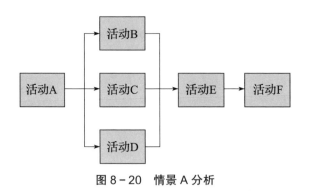

图 8-20 情景 A 分析

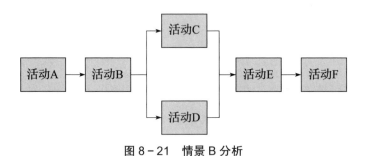

图 8-21 情景 B 分析

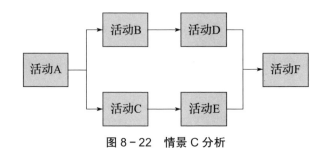

图 8-22 情景 C 分析

目经理对预期完工时间可能发生的变化有所了解。当然,这项评估要基于网络中活动的位置以及活动工期的变化可能对关键路径产生的影响。进度方差分析使用计划评审技术的内容作为确定活动方差的基础。以下公式可以计算活动方差。

三点估算的公式：

$$预期工期 = \frac{乐观值 + 4 \times 最可能值 + 悲观值}{6}$$

活动方差（σ^2）为：

$$\sigma^2 = \frac{(悲观值 - 乐观值)^2}{6}$$

项目经理可能会发现，有关活动方差的信息有一定用处，但用处没有预期的那么大。了解每个活动方差的最好方式是确定项目的总体标准偏差。项目标准偏差不是所有活动偏差的总和，但要根据活动方差的总和来计算，如下式所示：

$$\alpha_p = \sqrt{\sum 关键路径上的活动方差}$$

进度记录

项目经理制定网络图并分析了各种情景以确定项目活动进度的最佳方案后，需要记录此进度产生的结果。根据使用的进度结构的类型，项目经理可以使用各种工具来记录项目结构和进度的信息。

存储和软件工具

如果要在简单或小型项目中应用活动配置结构，可以在类似于 Microsoft Excel 软件的电子表格中记录信息。电子表格可以轻松存储在网络上，项目中的其他工作人员可以同时查看表格。这一软件工具还可用于对各种工作活动进行备注，并为结构中列出的所有活动计算所需时间和成本结构。

如果要使用活动层次结构来记录一个更大更复杂的项目，尽管它也可以电子表格的形式记录，但最好改用 Microsoft Project 之类的软件。Microsoft Project 具有许多项目管理功能，如具有以网络图的形式自动显示工作分解结构的属性。这一功能也方便进行运行方案分析和进度赶工。许多软件平台都可以记录大型企业系统中的大型复杂项目。因此，项目经理应从熟悉此平台的经理那里获取有关项目管理模块可用性的信息，该项目管理模块可用于记录和存储项目结构信息。项目经理需要使用一个软件平台来记录工作活动的结构，因此可以将信息存储起来，供需要访问该信息的项目经理或其他管理人员使用。

进度管理

项目经理需要有一份合适的可以定期查看的活动进度表，这样更易于监督和控制项目活动。在项目开始，项目经理就做了大量计划和准备工作，包括确定必须执行哪些时间范围内的活动、将利用哪些资源以及必须在哪些时间范围内完成活动等。合适的项目进度表可以帮助项目经理管理这些资源和活动。项目经理每天都会使用项目结构和网络图中可用的信息，以确保正确有效地执行项目活动。

进度沟通

组织内的项目具有独特的属性，因为项目需要许多人来安排项目活动或在项目中承担各类辅助工作。项目经理和记录项目结构的人员还可以使用项目进度表来沟通项目活动与整个项目生命周期中所需的资源。如果是在软件平台上记录项目结构，并且可以保存在某个网络位置中，则组织中的其他人（可能包括其他设施）也可以访问项目信息。在某些情况下，项目进度表还可帮助项目经理宣布活动的启动时间以及资源的使用情况。项目经理还可以借助项目进度表向各项目活动的管理高层报告相应的状态。在组织内利用资本设备、设施和财务资源等运作项目时，项目经理必须负责有效地记录和沟通所有项目活动。在许多情况下，沟通不畅可能是造成进度延迟和工作活动最终失败的根本原因。如果组织在其他方面做得很好，仅是忽略了沟通的重要性，是非常不明智的。

■ 思考与讨论

1. 讨论为什么项目经理需要了解项目范围，以及如何将其应用于制订项目进度计划。

2. 客户的进度要求在项目进度计划制订中有什么作用？对安排工作活动进度有什么影响？

3. 解释资源负载和资源平衡之间的区别。

4. 讨论活动工期的变化如何影响网络路径，以及为什么可能会改变关键路径。

■ 应用练习

案例研究：克兰顿·鲍尔数据中心（见第 4 章）

案例研究练习

1. 审查资源需求并制作资源负载矩阵。

2. 使用网络图分析工作活动关系并确定关键路径。

3. 是否需要解决所有的资源分配问题?

4. 是否存在其他可以改善网络进度的前置关系情景?

第 3 部分

项目成本分析

计划成本管理

就像制订项目进度计划一样，了解项目成本以及制订有关如何定义和记录成本的计划也是项目经理在项目开始前必须做的准备工作。这些准备工作要求制订成本管理计划。成本管理计划是项目管理计划的一部分，包括收集、估算和记录所有项目成本所使用的程序，制定预算，以及监督、控制和报告流程。项目经理可以使用成本管理计划来发掘更具体的信息，例如：

- 角色、职责和权限；

- 潜在的数据源、度量单位、精度水平和准确性；

- 用于成本估算和预算制定的程序、工具和技术；

- 监督、控制、报告的格式和沟通矩阵。

第 9 章

成本估算

通常，在将项目可交付成果分解为最小组成部分的工作包活动，并且收集了所有工作包活动的信息之后，才会进行项目活动成本的估算。将工作活动安排在工作分解结构中也有优点，就是便于分析活动顺序和连接关系。在成本估算之前确定这些信息很重要，因为特定的工作活动要求和网络中工作活动连接的关系可能会影响成本估算。

项目经理负责组织项目活动的成本，并对成本进行监督、控制和报告，和项目预算类似。重要的是，预算的估算要非常仔细，尽可能切合实际，让实际成本更贴近初始预算。项目经理必须要控制活动、资源和采购，确保在预算范围内管理成本。为此，他需要了解和定义其他项目人员收集和估算活动成本的过程。本章介绍了项目经理在估算项目活动成本时面临的潜在问题，如收集成本数据，识别成本限制条件，以及估算各种成本的工具和技术。

收集成本数据

与进度估算一样，项目经理在估算项目成本时应首先考虑的是定义项目活动成本数据收集的细节。项目经理必须了解准确估算项目活动成本的影响，这一点很重要，因为这些成本不仅会在项目级别上造成问题，还会在组织内部以及与卖主 / 供应商和客户的关系中造成财务问题。根据项目的规模和复杂性，组织每月根据项目估算来规划现金流的使用，而劳务成本活动（如果未在预算范围内控制）会影响组织内所需的其他支出。

在某些情况下，如果未按合同中约定的方式执行活动，则项目经理必须意识到项目的合同义务可能会对财务产生影响。另外，不遵守合同条款也会使组织陷入法律困境，带来更大的财务问题。为特定的工作活动服务外包人力资源可能需要额外的付款时间安排和补偿条款，这使该活动的资源估算更加复杂，必须在预算内做特殊考虑。

由于许多细节都会影响项目成本的估算，因此本章着重了解活动细节，以确保在最终确定工作包活动的估算成本时已考虑到该工作包中的所有内容。这就要求项目经理重新审阅收集到的所有信息以及每项工作活动的要求，以利用工具和技术来确保用于估算的成本信息的可靠性和准确性。

识别成本需求

当项目经理启动工作活动时，对活动要求的审查会显示需要在预算中进行评估的第一级成本。项目经理在查看工作活动收集的信息时，还要注意哪些项目具有与需求相关的成本、哪些成本是附加的非必要成本（预算允许的情况下）。这样的审查将创建绝对需求成本和附加功能成本的预算清单，项目经理根据这份预算清单来考虑成本问题。

根据与客户就项目目标进行的最初协商，可能在授权该项目的初始工作说明书和项目章程中已经确定了粗略的预算估算。在大多数情况下，如果初始讨论中的人员将这个值理解为一个粗略的估算，那么项目经理可能会留有一些余地，因为实际预算的估算可以基于从所有活动需求和最终预算的制定中得出的真实数据。在某些情况下，需要通过口头协议或合同的方式来满足初始估算。因此，该预算值是项目经理必须遵守的项目限制条件，并且是整合预算信息以创建项目预算时的主要考虑因素。

项目经理需要在审查项目活动成本以及与项目运作相关的所有其他成本时作出基本决策。这样做的目的是明确绝对需求成本与附加功能成本之间的差异。通常，在预算尽可能少的前提下制订项目预算对组织和客户都有利。对于实际活动需求之外没有定义活动成本的项目，制定预算时需要格外谨慎。具有额外范围（有时称为范围蔓延）的活动会人为地增加预算，但多数情况下并无必要。这可能仅仅是错误确定绝对需求成本与附加功能成本的结果，如果预算、进度和项目可交付成果的质量允许，则可以批准，否则应否决。

成本数据来源

组织无论大小，都拥有有关已购买或租用的物品的信息，或者过去用于运营和项目活动的人力资源的劳动力成本信息。项目经理和项目协助人员在收集成本估算信息的时候，可以在历史数据中找到这些信息，也可以通过对历史数据的计算得出这些信息，还可以通过询问提供项目活动资源的供应商的成本估算来获取这些信息。当项目经理确定必须收集成本估算数据时，有几项会影响质量成本估算的必须要考虑的因素。基于项目的规模和复杂性以及组织的规模和结构，项目经理可以自己收集信息来进行成本估算，也可以寻求其他可以协助成本数据收集的项目人员和同事的帮助。在任何情况下，都必须考虑数据收集的以下一些重要因素，以确保准确和正确地进行成本估算：

谁来收集信息？负责收集工作活动成本信息的人需要具备相应的资格。具有特定活动经验的人会对成本估算的有效性有直观的了解，知道在什么地方寻找准确可靠的信息，以及要提出什么问题才能获得准确的成本估算值。让正确的人收集数据还有助于加快数据收集过程，以便尽快制定项目总预算。

应该收集什么信息？负责收集成本信息的人还需要知道需要获取的信息是什么。如果项目可交付成果已分解为最小的工作活动组成部分，他应该从这里入手，了解所需信息的范围，以准确估算特定活动中的需求成本。信息应尽可能完整和详细，要估算与需求相关的所有成本，其中可能包括的内容有：活动的特征；运输要求；与活动相关的任何需要支付的加急费、税金或许可费。

哪些信息来源可靠？收集信息的下一个重要领域是信息来源的质量和可靠性。大家都知道，特定工作活动的历史数据可以成为可靠信息的来源。使用历史数据的关键是确定过去项目活动的特征和参数是否对目前的项目活动有参考价值。收集信息的人应始终尝试使用第一手信息，如记录的数据、个人访谈或调查收集的信息。另外，从供应商那里获取的信息通常是可靠和准确的，因为它通常与书面报价相关联，或者来源于书面价格表。这些来源都很可靠，也与所需要的信息相关，还会更新，并且特定于所提供的活动和需求信息。

应该收集多少信息？相关负责人需要花费大量时间和精力来调查成本信息，并应充分利用这段时间来确保收集到足够数量的信息。同样重要的是，项目经理必须确保将主要可交付成果分解为最小的组成部分，并针对活动要求收集详细的信息，以便收集数据的人员知道应收集多少信息。最好先收集尽可能多的信息，再确定哪些信息是有用的。与必须返工收集更多信息相比，选择有用的信息要容易得多。信息也要尽可能详细，因为这有助于确保成本估算的准确性。

数据准确性

对于项目经理而言，从项目活动中收集成本信息的最终目标是确保其准确性和可靠性。如前文所述，可靠性非常重要，是获取信息的关键要素。信息收集的另一个要素是准确性。负责收集信息的人员需要了解准确性的重要性及其在成本估算中的作用。准确性是指估算值与实际值的接近程度。当项目正在进行并将实际成本与预算中记录的原始估算进行比较时，就会明白准确性对估算的重要性。如果已经根据这些估算确定了项目预算，则应最大限度地让实际费用接近预算；否则，项目存在超支的风险，可能需要更多的资金。

项目经理管理项目过程中的预算有两种方法：（1）确保估算的成本尽可能准确，最好与实际成本几乎没有差异，可以达到最低限度的成本控制；（2）在成本估算的准确性较差的情况下制定预算，努力控制项目过程中的成本超支。对比这两种方法，很显然，在项目生命周期的过程中管理预算时，最好还是花一些时间来保证信息的准确性比较好。

成本分类

组织内部的结构定义了管理运营所需的工作活动。职能式组织的部门要根据其结构来完成整个组织的每个部门所要求的特定活动，而在项目式组织中要执行特定活动才能完成项目目标。每种结构都需要相关资源和材料来执行这些活动，资源和材料可能与项目活动直接相关，也可能并不直接相关。项目的目标是要创建独特的交付物，交付物需要被分解为特定的工作活动，而每项活动都需要资源和材料才能完成。这些活动成本被定义为直接成本。除此之外，项目还涉及组织内其他支持部门要求的其他活动，这些活动的成本被定义为间接成本。

直接成本——这些成本与生产项目可交付成果所需的工作活动直接相关。直接成本通常要在项目预算内估算，并记录在项目基准内。项目工作活动通常需要以下几种（可能不是全部）直接成本：

- 与项目工作活动直接相关的劳动力；
- 与项目工作活动直接相关的材料；
- 为特定工作活动分配或采购的设备或其他资源；
- 咨询或签约项目所需的外包服务；
- 专为项目工作活动而产生的差旅费用。

间接成本——这些成本包括组织为支持可交付成果的生产而产生的所有其他运营成本。间接成本通常与项目预算无关，不包含在项目基准中，但根据组织结构，可以将其作为项目成本的一部分来追踪。为了维持运营和支持项目活动，大多数组织都具有以下间接成本：

间接费用——组织认为这部分费用主要用于基本运营，并且与任何特定项目无关。间接费用包括设施、公用设备、特定项目未使用的设备、设备折旧、电话和计算机服务、公司和员工保险、市场营销和广告、工资税费和员工福利。

行政成本——组织的基本运营也有以下支出，包括履行职责的管理和行政职能，如会计、人力资源、IT 支持、法律和合同管理以及设施和基础支持费用。

间接人工成本——这些人工成本与项目活动中和项目活动周围执行的所有操作功能相关，但与任何工作活动均不直接相关。

间接材料成本——这些成本包括组织为日常使用而采购但未明确确定用于项目活动的所有材料，或可以在多个项目使用的材料，包括办公用品、复印纸、铅笔和钢笔、胶带等。

成本限制条件

当项目经理审查项目活动的需求时，有时某些约束、法规或特定过程会成为成本估算活动中的限制条件。负责收集成本信息的人员可能会遇到这样的情况，限制条件对准确的成本估算的可得性提出了挑战。原因可能是缺乏信息或者对构成限制的工作活动的一部分施加了约束或规定。在以下三个级别可能会看到成本被限制的情况：组织级别、项目级别和客户级别。

组织级别

当组织中的管理人员或其他个体对成本估算有影响时，就会产生组织级别的限制条件，例如，管理人员坚持使用非初始活动定义中的过程、材料或工作活动组成部分，或者管理人员坚持要与无法提供最低成本的特定供应商合作。采购部门在选择供应商时可能会施加一些限制条件，限制了可以在何处采购；这些限制条件可能会

影响成本估算。如果组织确定要执行的活动过程和程序未在最初的
工作活动要求中标识，那也会对成本估算施加限制。另外，如果组
织中的人员不具备工作活动要求的技术或知识能力，也会对完成活
动所需的准确成本估算产生不利影响。

项目级别

项目级别也会产生成本估算的限制条件。通常项目经理和 / 或
其他项目人员会在工作中发现这类限制。项目经理可能会发现组织
的员工缺乏正确收集准确的成本估算数据的能力。如果合格人员的
数量不足，就会产生以下两种情况：很少的人花费很多时间来收集
数据，或者组织可能会与经验丰富且具有资格以特定成本收集信息
的外部资源签约。项目经理可能还会发现没有足够的时间来收集完
整而准确的数据以进行成本估算，因此他可能被迫使用准确性不高
的估算方法。

客户级别

成本估算限制条件的最后一种形式是客户需求和 / 或变更的结
果。在项目目标的初始计划阶段，项目工作人员和客户通常会进行
多次沟通，讨论可交付成果和变更或施加的额外要求的细节。如果
在这个阶段进行成本估算，由于需求的变化，项目经理很难保证成
本估算的准确性。这就产生了一种限制：要么等到所有细节都已完
成再开始成本估算，要么根据定义项目可交付成果的波动性质接受

成本估算中的差异。在大多数情况下，定义了项目可交付成果之后，就会做更具体的成本估算，但是在某些情况下，在工作说明书或项目章程中就要制定初始项目成本估算。

客户还可能通过对特定过程或程序的要求来限制特定工作活动的成本估算的灵活性。例如，客户可能要求使用特定的供应商来进行专门的采购，这会降低采购的灵活性，从而影响成本估算的准确性。客户还可能要求在完工时提供详细的成本估算，而在时间不够的情况下，项目经理只好使用不太准确的估算方法。客户甚至可能坚持使用特定的成本估算方法，这既影响信息的准确性，也限制了项目经理在成本估算中的灵活性。

估算工具和技术

项目经理的主要目标是对与项目相关的所有活动和外部项目进行准确的成本估算，从而创建项目总预算。因此，项目经理需要了解可从何处获得准确可靠的估算信息，考虑可能影响成本估算的限制条件，并使用相关的工具和技术来帮助他和 / 或相关项目人员做准确的成本估算。项目经理可以在成本估算中使用与进度估算类似的工具。本章后面会详细介绍这些工具。项目经理应始终努力获取尽可能最准确的数据，并拥有使估算工具使用准确数据的来源。如果项目活动中的绝对成本数据不可用，项目经理可能就必须使用其他工具来做成本估算。

主题专家

主题专家是具有与工作活动中特定元素有关的经验、技能和知识的人员。如果没有更精确的成本估算，那么主题专家可以提供成本的粗略估算。一般来说，在制订工作说明书或项目章程时，即项目的概念阶段，会请主题专家来进行成本估算。应该注意的是，在与主题专家进行讨论时，项目经理可能会发现其他虽然没有记录但与有关工作活动要素相关的信息，这些信息常常会被忽视，但极可能影响成本估算。

粗略量级估计

如果在项目被批准之前已经选好了高级管理人员、最初的利益相关者和项目经理，他们在预算计划中整合粗略估算时，一般会使用粗略量级估计（rough order of magnitude estimating，ROME）法。高级管理人员和职能经理以及初始项目利益相关者可以就总体财务要求、潜在的投资回报率以及组织对潜在项目的现金流量要求作出可行性决策。通常还会征求管理人员或主题专家的意见，以获取用于项目可行性研究的大致信息。这种估算形式仅应在项目开始时使用，几乎不用确定什么细节，并且这种粗略估算足以进行项目总预算分析。

类比成本估算

类比成本估算要使用先前项目活动的相似信息，这些先前的项目活动在范围、复杂性和可交付成果的要求方面与当前项目类似，可作为估算新项目活动成本的参考。这种估算方法使用类比的方式，如果先前的活动具有特定的成本，并且通过比较发现与新项目中的活动足够相似，则先前项目中记录的成本可以用作新项目中活动的成本估算参考。类比成本估算也可以减少耗时，因为项目经理只是通过比较分析来形成总体估算。还应注意，类比成本估算方法可能不如其他方法的估算准确，因为其他影响因素和特定参数属性可能并不总是具有可比性，这可能会影响估算的准确性。

示例

项目经理正在估算建设项目活动所需的劳动力成本。由于难以估算完成特定活动的工时，他审查了今年早些时候完成的具有相同工作范围、材料和可用工具的项目。然后，他确定当前活动与上一个项目中的工作相似。因此，他可以使用上一个项目中记录的工时数和与该活动相关的人工费率来估算新项目中的同一活动。

参数成本估算

参数成本估算使用以前项目的历史数据和类似活动的类比估算作为基础，利用统计知识或可改变的参数来完成相关成本估算。有时，历史数据可用于标识与新项目上的活动相似的工作活动，但是由于其大小、形状或功能有所不同，不允许先前记录的成本在新项目的活动中对应地一一使用。在这种情况下，可以将历史活动中的数据匹配新活动的参数，得出与该活动相关的成本值。

示例

项目经理正在估算一个 IT 设备安装的项目，这个项目与先前的某个项目使用的是相同的设备。她发现先前的项目使用了 2 套设备，而预计目前的活动需要使用 4 套相同的设备。然后，她将之前 2 套设备的成本乘以 2，得出新项目的估算值，如下所示：

先前的项目活动：服务器设备 = 2 套机架 = 55 000 美元

新项目活动：服务器设备 = 4 套机架 = 2 × 55 000 美元

= 110 000 美元

新项目活动：服务器设备的成本估算 = 110 000 美元

三点成本估算

项目经理可能会注意到工作活动中各个部分的成本信息，这些信息不仅可以表示绝对值，而且会表示一系列可能代表各种影响的值，这些影响可能会导致成本的上下波动。在这种情况下，项目经理不要忽视引起影响的信息，必须在估算的成本范围内注明相关信息。如果可以获得可能影响成本的一系列信息，则项目经理必须掌握一种工具来合并这个信息范围，并得出一个成本值。

三点成本估算利用乐观值和悲观值来计算预期成本。三点成本估算有两种形式：三角分布和贝塔分布。贝塔分布形式的三点估算方法最初是作为计划评审技术（PERT）的一部分开发的。

乐观值（C_o）——这种估算方法基于可反映工作活动中最佳情况的数据。这可能代表一件物品的最低成本；如果满足某些条件，通过退税来降低成本；或在一定范围内以特价销售来降低成本。满足上述任一条件都有可能获得这种更乐观的成本值，并且项目经理认为有必要包括这种更为乐观的成本值。

最可能值（C_m）——这种估算方法基于既能表示成本的正常值又几乎没有风险或限制条件影响的数据。如果没有改变正常价格的变化、波动或影响，这类值将代表最有可能发生的日常成本。

悲观值（C_p）——这种估算方法基于反映工作活动中绝对最坏情况的数据。悲观值通常可以反映出与采购特定物品有关的问题或与人工成本有关的问题，比如某项资源不可用，需要支付加急费用才能满足计划要求，需要以更高成本返工的运输损坏，或者必须购买原计划中没有提到的东西。项目中任何计划外的变动都会增加成本，包括潜在风险可能产生的影响。

预期成本（C_e）——预期成本是分布计算的平均值，考虑了估算的三种分类：乐观、最可能和悲观。项目经理可以将此值用作特定工作活动的成本估算结果。

三角分布：$C_e = \dfrac{C_o + C_m + C_p}{3}$

贝塔分布（PERT）：$C_e = \dfrac{C_o + 4C_m + C_p}{6}$

下面的例子显示了贝塔分布公式的应用，图 9-1 中说明了剩余的项目活动估算。请注意看该分布是怎样使预期值（C_e）从最可能值（C_m）偏向强调初始（最可能）估算中有更多正面或负面影响的可能性的方向。如果信息包含了对成本估算的乐观或悲观影响，这种分布就很有价值。

活动成本估算的贝塔分布			
活动	乐观值（美元）	最可能值（美元）	悲观值（美元）	预期值（美元）
A	1 100	1 250	1 500	1 267
B	6 575	7 640	7 850	7 498
C	9 500	10 375	11 000	10 333
D	26 250	27 300	28 100	27 258
E	8 900	9 125	9 250	9 108
F	2 000	2 160	2 200	2 140

图 9-1 成本估算的贝塔分布

活动 A 数据：乐观值 = 1 100 美元，最可能值 = 1 250 美元，悲观值 = 1 500 美元。

$$C_e = \frac{1\,100 + 4 \times 1\,250 + 1\,500}{6} = 1\,267（美元）$$

贝塔分布与三角分布类似，但更强调最可能值，并不强调两个极端值（乐观值和悲观值），如公式所示，C_m 的乘数为 4，再除以 6，得到标准分布的值。项目经理可以考虑这两个极端值的影响，但在成本估算的总体计算中，它们的权重较小。

自上而下和自下而上的估算

总体而言，可从两个不同的角度进行项目成本估算：（1）自上而下查看整个项目并使用项目成本的广义估算；（2）自下而上将每个工作活动的具体数据汇总到最终的项目预算中。两种估算方式的应用都很广，但大多数项目经理可以选择使用自下而上的估算方式来获取与活动成本相关的最多细节。

自上而下——这类估算通常不太准确；可以在项目启动时用于开发总体范围说明书或项目章程，粗略估算组织内的总体项目计划。自上而下的估算对于特定活动组成部分的准确性较差，在大多数情况下，这类估算是由管理人员或主题专家使用主要基于历史项目活动包的广义数据得出的。

自下而上——通常来说，自下而上的估算更加准确，因为它从底部开始，每项工作活动的所有特定组成部分都包含详细成本，逐步形成估算项目预算时使用的所有成本之和。在将项目可交付成果分解为最小的组成部分或工作活动并收集了有关每个工作活动要求的详细信息之后，自下而上的估算是最合乎逻辑的方式。只有这样，项目经理才能顺利地针对每项工作活动的要求准备成本估算。这种估算方法还考虑了工作中具体项目的特定风险、应急成本、特殊成本等信息，这些信息无法通过自上而下的方式获得。

应急成本估算

当项目经理评估工作活动要求时，与资源、材料和人员相关的风险、不确定性和条件必须纳入成本估算中。在估算进度工期和制定总体项目进度时，可以在活动级别上针对特定项目以及整个项目级别利用缓冲来解决不确定性；这些考虑因素称为应急成本估算。

应急成本估算（有时也称为储备分析）不仅要分析工作活动内容的预期成本，还要评估可能增加某些项目成本的其他影响。项目经理可能会选择使用三点估算法来预估成本估算时可能产生的负面影响，但结果将基于标准分布的均值，而不是一个基于特定问题用来增加成本估算的绝对数字。应急评估通常要求项目经理对确定的采购进行潜在风险的基本审查或分析，目的是确定意外情况对总预算的影响和发生的可能性，以及是否应在成本估算范围内计划储备资金或应急费用。

项目经理在应急评估中要非常细心，因为应急评估会直接增加已确定项目的成本，并影响总体拟议预算。如果在项目启动时将应急预算包含到预算中并记录在基准之内，那么这种方法是首选，因为总预算是在包含应急计划的情况下得到批准。如果在应急计划未包含在基准内的情况下就批准了总预算，则项目经理可能不得不控制每项工作活动的成本，而且，在不考虑已识别的风险的情况下，根据概率和潜在风险对预算可能产生的影响，控制工作活动的实际成本可能很困难。一般来说，最好在需要的时候安排应急预算，在总预算中批准，并记录在项目内。这样项目经理就可以确定已考虑到了可能的影响和风险，项目也可以正常进行，不需要额外的资金。

■ 思考与讨论

1. 解释数据准确性在成本估算中的重要性。

2. 讨论限制条件在组织、项目和客户级别上的差异。

3. 谈谈从主题专家那里收集信息的好处。

4. 什么条件下使用三点估算法是合理的？

5. 解释应急成本估算。

■ 应用练习

案例研究：米尔布雷·汉德医疗中心扩建

米尔布雷·汉德医疗中心（Millbrae Hander Medical Center）位于市中心，已经创立了12年，目前需要扩建更多的检查室和病房等。该医疗中心的创办人米尔布雷·汉德（Millbrae Hander）在中心开业5年后就去世了，之后米尔布雷·汉德基金会（Millbrae Hander Foundation）接管了医疗中心。该医疗中心已成为社区的地标性设施，它不仅满足了市中心社区的需要，还为实习生提供了教育平台。目前该医疗中心的面积为36 000平方英尺，经常人满为患，缺少检查室和工作人员准备区等。为了缓解情况，医疗中心进行了两次小型改建，但是医疗服务需求的不断增长还是给这个医疗设施的规模带来压力。

城市规划部门已批准将现有的设施以及医疗中心的停车场扩建 10 000 平方英尺。该医疗中心有两大笔捐款，并已获得低息融资用于承担剩余的全部财务支出。医疗中心的主管和员工对此次扩建获得批准感到兴奋，并希望项目规划进行下去。

目前已确定，有一家建筑公司可以提供所有建筑规范、图纸和资料来获取市政许可；有一家项目管理公司可以管理该项目的建设并分阶段进行。米尔布雷·汉德基金会的代表、医疗中心的执行主任以及部门主要负责人组成了利益相关者小组，以确定医疗中心扩建所需的条件。目前已经制定了关键活动清单和项目总预算并与建筑公司进行了沟通，为扩建项目的完成确定了项目总工期，为期 10 个月。此时，项目经理已知的信息有：建筑物和土地的财务费用（525 000 美元）；医疗设备和用品的初始预算（725 000 美元）。利益相关者小组已发布了 1 300 000 美元的初始项目预算，并且只提供 25 000 美元的应急缓冲资金。利益相关者小组还发布了有关扩建内容的要求，如表 9-1 所示：

表 9-1 米尔布雷·汉德医疗中心的扩建

数量	描述	大小 （英尺）	建筑面积 （平方英尺）
6	办公室	12 × 12	864
22	病房	14 × 16	4 928
10	检查室	12 × 12	1 440
2	工作人员准备区	各种规格	1 264
2	洗手间	14 × 20	560

续表

数量	描述	大小 （英尺）	建筑面积 （平方英尺）
1	候诊区	18 × 24	432
1	员工区	14 × 16	224
2	储藏室	12 × 12	288

案例研究练习

1. 确定没有分配成本的其他必要项目，如建筑师费、许可证、停车场、园林绿化和指示牌、家具等。

2. 确定所识别项目成本信息的来源。

3. 是否有任何成本限制条件？

4. 至少使用两种不同的成本估算方法来制定该项目的成本估算。

第 10 章

预算规划

在大多数组织中，高级管理层有责任批准和监管活动（包括项目），因此要利用组织内的资源。大多数组织的基本任务是通过财务分配来管理日常运营。如果组织要启动某个项目，就需要制订该项目的总成本计划，管理层可以决定该项目是否可行，对组织是否有价值。项目的成本通常是实现项目目标所需的所有活动的相关成本之和，这称为项目预算。

在许多情况下，在概念阶段初期，项目目标中的信息可能会提高预算成本值，这些成本值可以代表大部分的拟定可交付成果。一般来说，管理层可以利用这些信息来了解整个项目的大概成本。如果批准了一个项目，并指派了一个项目经理来监督项目管理计划的制订，则需要对与详细工作活动相关的更具体的成本进行估算，并在预算内汇总，以建立更准确的项目总成本。项目经理还需要监督和控制该项目的财务计划和活动；这样就可以确保组织预期用于工作活动的资金与实际支出相匹配。项目经理还可以用预算来控制支出，确保活动成本不超出预算。本章探讨了制定项目预算的方法，以及它们的功能和限制条件，这些方法可以帮助项目经理和协助项目经理制定项目总预算的相关项目人员更好地工作。

预算的功能

正如制订工作活动的主进度计划以及明确活动在网络中连接的方式，开发与每个活动相关的成本网络以记录整个项目的财务信息也很重要。对于项目经理和组织中需要此类信息的其他人员来说，创建工作活动的主进度计划和创建总体项目财务计划或预算和其他活动的目的相似。通常，项目经理进行项目预算的原因如下：

- 预算能够确定与每个项目活动的需求相关的所有成本。
- 所有活动成本之和构成项目总成本。
- 项目经理可以监管实际成本，并将其与每个活动的预算成本进行比较。
- 项目经理可以控制实际成本尽可能地接近预算成本。
- 项目经理可以报告整个项目生命周期中工作活动成本的财务状况。

● 项目完成后，可以将预算存储为历史数据，为未来项目的估
算提供参考。

项目经理通常出于上述原因进行预算，但是预算的原因和重要
性对项目和组织来说非常重要。下面探讨在整个组织内创建和使用
预算的重要原因，包括对项目工作活动的管理以及组织内资源的整
体利用。

完工预算

制定预算是一项艰巨的任务，通常要在具有与工作活动相关的
成本构成的项目上进行。组织必须要了解与项目相关的财务基础，
有如下两个原因：

● 用于工作活动的具体支出明细；
● 用于组织预算计划的整个项目的总成本。

随着项目在完成工作活动中的进展，组织需要现金流来支付
预算中概述的每项工作活动的费用。每项工作活动都概述了实现
该工作目标所需的所有需求的总成本；这称为完工预算（budget at
completion，BAC）。在定义了每项工作活动的成本后，项目经理
可以将整个项目的所有相关活动成本相加，这将在完成时产生一个
名为项目预算的预算值。根据项目的规模和复杂性，每项工作活动
必须要管理自身的完工预算，因为一些单个项目工作活动可能需要

数百万美元，可能必须作为项目内的单个实体进行管理。所有项目都有总预算成本，在大多数情况下，完工预算用于标识项目总成本（完工预算）。

项目预算基准

识别每项活动的成本估算并确定总预算后，项目经理就得到了项目开始之前的"预期"成本清单。预期成本的估计预算用作比较估算成本和实际成本的基准。项目经理使用预算基准来监管和实施项目活动，管理实际支出，尽可能匹配估算成本。预算估算是项目经理在整个项目生命周期中用来管理项目总支出的主要工具之一。第 11 章"进度和成本监管"和第 12 章"进度和成本控制"详细介绍了开发和使用项目预算基准的过程。

管理三重限制

建立项目预算和创建预算基准的另一个重要原因是，当其他项目的影响迫使相关人员做出可能影响实际成本的决策时，项目预算和预算基准可以帮助项目经理控制成本。项目经理可能会发现工作活动的实际成本在预算之内，但是活动的某些部分出了问题，可能会影响交付时间或质量。因此，组织可能必须采取一些行动以按时按计划完成可交付成果，这会花费更多的资金。这种情况称为管理的三重限制（参见图 10 - 1）。

图 10 - 1 三重限制因素

项目进度计划是根据活动工期的特定估算制订的，而该估算是从活动可交付成果的要求中得出的，这些要求具有相关的生产成本。这形成了三个重要的因素：进度、成本和可交付成果的质量。项目经理要创建一个项目进度计划来显示要执行的工期和目标工作，还要确定进行该工作的成本的预算基准，其中涉及三个参数或压力点（三重限制），必须维持好这些参数或压力点才能完成设计好的工作活动。创建预算基准与创建项目进度计划和定义工作活动可交付成果的工作说明书一样重要。

报告项目状况

随着项目在整个项目生命周期中的推进，项目经理有责任对项目阶段的进展进行报告。项目经理需要报告有关工作活动的状态、项目是否按计划进行以及支出相对于预算估算的财务状况等信息。客户还可能在某些时间节点上要求报告有关工作活动的状态和进度计划的完成情况。管理层内部通常对项目的财务状况更感兴趣，目的是将实际支出与估计的预算和工作活动的进度状态进行比较。

预算制定方法

根据组织的规模和结构以及该组织是否设有项目管理办公室，可能会有规定的流程和程序指明如何制定和记录预算。负责预算制定的项目经理最好向组织、项目管理办公室或财务部门征求有关制定项目预算的正确或可接受方法的信息。如果组织正在管理其他项目，则项目经理可以在制定预算时寻求其他项目经理的建议或指导，尽量与其他项目保持一致。不管有什么可用的项目预算结构和制定信息，项目经理都应了解一些基本的预算结构，以及如何根据可用信息来制定预算。

无论项目经理使用哪种类型的预算制定方法，在对项目成本进行估算和使预算有效且持续地管理项目的理念背后都有一些关键要素：

- 预算与工作分解结构中确定的所有工作活动保持一致。
- 标识所有活动需求的成本估算。
- 在所有成本估算中使用标准计量单位。
- 最终的项目成本代表所有工作活动的成本估算。
- 将实际费用与估算费用进行比较。

自上而下的预算

因为项目经理可以通过几种不同的方式来制定预算，所以一些组织在这方面的影响力要大于其他组织，这取决于组织的规模和结构。组织在制定项目预算时可能具有的一种影响方式是高层管理人员参与创建或制定项目预算；这称为自上而下的预算。

在自上而下的预算中，高层管理人员要么直接影响制定过程，要么直接制定预算，然后交给项目经理去执行。自上而下的预算背后的总体思想是，高层管理人员对特定主题或过去性质相似的项目具有知识和经验，因此他们可以提供用于制定项目预算的可行和准确的成本信息。有时候项目预算完全由高层管理人员在内部制定，然后交给项目经理执行。有时候项目经理的任务就是开发项目，但会听取高层管理人员的意见。

自上而下预算开发的优势通常在于参与制定准确预算的高级管理层具有的经验水平。在可能缺乏特定项目信息进行成本估算的小型组织中，高级管理层可能是制定预算的准确信息的最佳来源。但是，如果高层管理人员没有可以提供准确的成本信息的经验或背景，却仍然坚持参与预算制定，这种预算制定的缺点就显露出来了。其他级别的管理人员和项目人员可能不同意预算中高层管理人员对某些活动成本估算的评估，这可能会导致潜在的项目资金冲突。在某些情况下，一些管理者制定预算的具体议程可能与高层管理人员在资源利用、项目重要性级别以及关键资金的安排和分配方面相冲突。

成本汇总法

成本汇总法使用的是预算结构化和信息收集的方法，要求将可交付成果分解为最小的部分，并收集有关特定工作活动要求的信息。对活动中每个特定工作组成部分的成本进行估算，这样进行的项目成本估算准确性很高。然后，将每项工作活动的成本估算汇总到工作分解结构中的下一个级别，并继续进行相同的步骤，直到将所有项目成本合并为最终的项目成本，然后将其用作项目预算，此过程也称为自下而上的预算。

成本汇总预算需要项目经理和其他项目人员做大量的准备工作。他们必须正确地将项目可交付成果分解为最小的组成部分，并有效地识别有关每项工作活动的关键信息，以尽可能准确地估算成本。自下而上估算方法的一个优点是，它基于最小的工作负荷，具有最高的成本估算准确性，使项目估算的总预算更为准确。另一个优点是可以监管和控制自下而上的预算，为项目经理提供详细的成本信息，有助于控制项目活动的支出和采购。自下而上制定预算的主要缺点是识别活动信息和创建预算的成本估算所需的时间和工作量较大。

时间分段法

因为项目经理要根据初始估算和主项目进度计划来控制工作活动的工期，所以仅当按照依赖关系和前置/后继关系对控制工期提出的顺序要求进行连接时，才算真正掌控了工期估算。如果项目经理还打算使用项目预算来控制项目生命周期中的成本支出，那么初步形成的预算只是对特定活动成本估算的汇总，并且需要与相同的活动时间表相关联；这称为时间分段预算。

时间分段法的基本原理是，工作分解结构中安排的每项工作活动的成本估算都与该活动相关。因此，可以对特定活动成本的排序进行分析，就像现金流的活动工期以及根据活动的排序可能产生的任何资金限制一样。项目经理还可以使用时间分段法来查看工作活动所需的未来采购和支出，并提前计划可用资金。时间分段法还可以允许项目经理评估潜在风险和可能必须实施的会影响现金流或资金需求的应急计划。

时间分段法通常在创建了工作分解结构且已经生成活动排好序的网络图后实施。在收集了每项活动的信息并进行了确认正确的联系和活动关系的活动完整分析之后，还可以将成本估算输入网络图上的每个工作活动标签中以进行进一步分析，确保现金流和资金限制没有问题。这也让项目经理可以在同一个位置控制和报告项目活动，同时还可以看到三重限制的所有因素——进度、成本和活动可交付成果。

类比预算

类比预算依赖于可以在新项目预算的开发中进行审查和使用的历史数据。项目经理一定要保存过去的项目预算信息，这样才能将其用于未来的项目。历史数据可以提供很多信息，例如，基于特定项目可交付成果的预算结构，成本估算值，以及现金流管理和应急计划技术。根据新项目预算的需要或要求，将类比预算直接用于新项目有两种不同的方式：

历史衍生预算——如果在比较后发现历史项目具有完全相同的可交付成果、活动的工作分解结构以及相关的成本估算，就可以使用类比预算。例如，在建造独栋家庭住宅时，可以根据当年早些时候为另一位客户建造的完全相同的住宅来制定新项目。可以在新项目上使用相同的建筑计划、材料和承包商，因此，项目经理可以制订新的项目计划和相关预算，作为先前预算的衍生产品。对于项目经理来说，要仔细核实一些较大的成本估算，确保它们仍然准确。但是，在大多数情况下，如果旧项目的完成日期与新项目的启动日期之间的时间间隔很短，则大部分成本信息是准确的，可以在新项目中使用。

预算的历史信息——在新项目与旧项目非常相似的情况下，也可以使用类比预算的方法。但是有时候，在旧项目完成之后至今，某些工作活动的组成部分有所不同，或者已经过了太久，因此无法直接进行可靠或准确的成本估算。在这种情况下，项目经理可以仅仅将旧项目用于比较的目的，以明确某些工作活动要求，或将先前的成本估算与新的成本估算进行比较，并提供总预算确认。旧项目是绝对预算信息和"经验"信息的宝贵来源。

预算限制条件

在项目经理制定项目预算的过程中，不可避免地会出现某些意外情况，为预算制定带来挑战。有时候这些意外仅仅是单个事件，会造成单个的问题，项目经理必须在项目预算完成之前解决这些问题。但有时候可能会产生更系统的问题，无法轻易解决，这就是会对项目施加约束或影响项目预算结果的限制条件。预算限制条件可能会以下列形式出现：

- 高层管理人员参与或影响预算，导致成本估算中使用的数据不一致或不准确；
- 组织过时的预算流程和程序限制了项目经理制定相关且复杂的项目预算的能力；
- 项目经理缺乏制定适当预算的知识和工具；
- 受时间限制，无法正确制定项目预算；
- 缺乏资金来满足项目预算要求；
- 用于制定项目预算的成本估算数据不足；
- 缺乏适当安排工作活动和项目预算所需的项目管理工具。

随着项目经理越来越熟悉他们在组织结构中所扮演的角色以及对用于恰当地组织项目预算的项目管理工具和知识的需求，他们可以处理在项目开始就对制定项目预算产生的影响，从而减少或消除基本的预算限制因素。如果项目经理提前意识到了某些基本预算限制可能会对项目产生的影响，那么他们可以作出变更、购买软件或将情况上报给高层管理人员，以在预算计划产生问题之前消除这些限制条件带来的不利影响。

资金限制平衡

在项目经理制定初始预算的过程中，最好可以就整个项目生命周期的预期支出向组织财务部门的相关人员咨询。这可能是让项目预算获得批准的必要工作，但在批准之前这样做也有好处，因为项目经理可能需要考虑项目内各个点的现金流量或总预算中某些工作活动要求的支出限制。某些工作活动可能有预算限制，需要根据可用于该活动的到位资金来设置，或者需要在特定时间范围内使用资金。项目经理必须了解对工作活动施加的任何预算限制，以便在管理工作活动的过程中确保实际费用不超过批准的预算；这个过程称为资金限制平衡。项目经理有责任了解这些限制类型，以采取措施避免预算有限的项目在工作活动中超支。

预算应急计划

在制定项目预算时，项目经理将成本估算作为建立总预算的基础。成本估算有时候可能非常准确，并与项目密切相关；但有时候也可能与实际情况相去甚远，可能只是数量级的粗略排序。项目经理的目标不仅是制定预算，而且要了解项目的总完工成本，因此预算被用于监管和控制实际支出，希望项目的实际成本尽可能接近预算。在预算计划的最佳方案中，所有工作活动都具有极其准确的成本估算，并且所有活动发生风险事件的可能性相对较低。但这种最佳情况很少见，所以项目经理需要评估工作活动的潜在风险及解决问题所需的额外资金。项目经理可以在活动级别进行此分析，将应急计划整合到实际的工作活动成本估算中。由于这通常是在项目中设计应急计划的最佳方法，因此项目经理可能还会选择在预算级别设计应急计划。

如果项目经理使用预算应急计划，这些资金将被分配到整个项目预算中，以覆盖整个项目生命周期中不可预见的问题。一些组织要求在实际预算内对应急计划进行具体的问责。但是，在其他情况下，组织仅要求将绝对和相关的成本估算反映在项目预算中，但要在预算外的储备金中保留应急计划，时刻准备分配给项目。在这种情况下，项目经理有一个确定的预算，所有成本估算都被视为"预期成本"。项目经理要监督支出以保持预算不变，并且仅在发生风险事件时才使用外部应急资金。

质量成本

项目经理在监督和控制项目活动时通常要管理所有项目都存在的三个因素：三重限制因素。如前所述，三重限制因素是指管理项目活动涉及的三个参数：进度、成本和可交付成果的质量。本书着重介绍影响活动工期和项目进度的因素，以及可能影响项目预算制定过程中成本估算的因素。但是项目中的确存在难以量化的额外成本。该成本与三重限制因素的第三个因素质量相关。

在大多数制造环境中，质量成本是指用于确保质量的财务支出，例如，要在生产车间设立质量保证部门，质量保证部门会与质量工程师和检验员一起确保产品质量保持在预定水平。项目管理中的质量成本就是三重限制因素中的第三个因素，质量缺失会对项目生命周期内的进度和成本产生很大影响。项目生命周期内的质量成本会对进度、成本或可交付成果的质量产生不利影响，导致项目绩效下降。

采购

采购也可以对组织的三重限制因素产生巨大影响。整个项目生命周期中的所有项目活动都需要某种形式的采购，并且采购管理可能会影响三重限制因素中的所有三个因素。例如，可能购买了物品但未及时运送；进度计划受制于质量成本，从而导致额外成本。如果购买了不正确的物品，就会影响可交付产品的质量，而且进度也会受到影响，因为要重新购买，且无法退回的物品也产生了浪费。项目经理的责任是确保对采购进行正确的管理，以减少或消除保持项目绩效的潜在质量成本。

外包合同

会对三重限制因素产生影响的另外一个因素是外包合同的要求以及外包对项目绩效产生的影响。如果要研究资源估算，那么人力资源的外包合同就是不可避免的研究对象；因此，必须注意与外部资源的合同签订，以确保项目绩效不会产生质量成本。外包的范围可以是签约专家级的人力资源以执行特定活动，也可以是租赁设备。无论哪种情况，如果资源选择不正确或没有进行详细的调查，都会对项目绩效产生影响，还会增加质量成本。

外包合同还有一种形式，即可用于谈判和记录法律或约束性协议的各种类型的合同。由于大多数合同的作用是在谈判双方之间取得提供服务和补偿的平衡，因此，如果未能正确谈判合同，则可能给项目带来巨大风险，并增加质量成本。

自制或外购分析

大多数组织的第一选择都是在内部为项目活动提供材料和资源，但有时候必须决定是在内部生产资源，还是从外部购买成本更高的物品。项目经理应坚持对内部制造物品与外部购买物品进行利弊分析，并分析该决定可能对资源利用和外部购买可用资金的潜在影响。

必须谨慎分析内部资源的可用性以及内部生产资源的技能水平和质量水平。一般来说，项目经理会选择在内部生产资源，但这会造成质量的降低或工期的延迟，从而增加质量成本。同样，外部购买可能会获得质量更高的资源，但成本也更高，影响项目的整体绩效并增加质量成本。必须分析这两种方案对项目三重限制因素的影响以及对项目绩效的总体影响。

■ 思考与讨论

1. 讨论预算的用途。

2. 管理三重限制因素意味着什么？

3. 解释成本汇总法的工作方式。

4. 讨论预算应急计划的含义。

5. 谈谈外包合同的利弊。

■ 应用练习

案例研究：米尔布雷·汉德医疗中心（见第 9 章）

案例研究练习

1. 选择一种预算制定方法并说明理由。

2. 建立项目预算基准。

3. 本案例中预算应急计划是否必要？

项目监管和控制

在项目开发的初始阶段，项目经理要花费大量精力来收集数据，制订所有项目活动的主进度计划，并创建初始预算等。在项目生命周期过程中，项目经理的主要职责是监管、报告和控制工作活动，确保活动按计划和预算进行。

因此，项目经理需要通过各种工具和技术来了解如何开展活动监管，以及如何正确采取控制措施来调整工作活动以保证进度或预算。这需要项目经理了解组织过程和环境因素，它们会影响采取控制措施实现预期结果的方式、时间和原因。第4部分探讨了项目经理可用于监管和控制项目工作活动的工具和技术。

第 11 章

进度和成本监管

　　根据项目的规模和复杂性，有多种定义项目管理计划中绝大部分特征的方式，比如在启动和计划过程中制订项目进度计划和预算，以及在执行过程中花在实际工作中的时间。对于某些项目，启动和计划过程可能就要花上几个月或几年时间，执行过程中工作活动的总时间跨度却很短。另一些项目的启动和计划过程可能相对较短，但由于需要大量的人员和劳动密集型工作，每项工作活动的时间跨度都长达几年时间。

　　无论有多少工作活动，执行过程需要花费多长时间，项目经理主要负责的都是监管和报告工作活动，并实施控制措施使工作活动按计划和预算进行。即使考虑到信息收集与制订项目进度计划和预算的工作，项目经理最本职的工作依然是监管和控制项目。

　　为了更好地在执行阶段开始时为工作活动做准备，项目经理必须开发相应的监管系统。首先，项目经理需要考虑项目活动监管的五个基本问题：

- 为什么进行监管工作活动很重要；

- 需要监管哪些活动；

- 应该使用哪些工具和技术来创建工作活动的监管系统；

- 什么是有用的信息；

- 如何使用从监管工作活动中收集的信息。

本章探讨了监管的重要性，以及项目经理和组织为项目进行的工作活动创建监管系统的意义。本章还介绍了用于监管和故障排除的几种较常用的工具和技术，包括说明监管系统要求的典型结果。这些都是非常基本的工具和技术，可以用于规模很小的项目，也可以用于大型复杂的项目。也就是说，它们可以轻松用于项目中任何级别的工作活动。

在启动和计划过程中，项目经理和项目工作人员会花费大量时间来分解项目可交付成果，直至将其分解成最小的组成部分，为每项工作活动收集尽可能多的细节信息，并制订主进度计划和所有工作活动的预算。这项工作为项目奠定了基础，并定义了如何完成可交付成果才能实现项目目标。但令人难以理解的是，在定义和制订项目主进度计划和预算而进行的所有工作中，以及在执行项目活动的过程中，很少或者几乎没有监督的环节来确保活动是否正确执行、进度是否合理，以及是否在分配的预算内。对于大多数组织而言，如果整个项目过程中没有监管和控制工作活动的环节，项目中的组织活动将面临失败的风险。

集成监管

项目经理在考虑如何监管项目工作活动时，首先想到的是项目的规模和复杂性，以及项目需要哪种监管类型。在工作活动和资源都很少的小型项目中，建立监管系统就像使用一些基本的观察和数据记录工具一样简单，本章后面会介绍这种情况。在更大更复杂的项目中，必须采取更加复杂和精细的监管形式，本章后面也会介绍这种情况。但无论是哪种情况，项目经理都需要开发一个系统来管理从工作活动或观察中收集的信息，以评估项目绩效；这个系统称为项目监管信息系统。

根据组织的规模和结构，项目经理可以选择在组织内独立使用大多数监管信息系统组件，并简单报告状态。

示例

在项目过程中，项目经理可以监管工作活动的进度，并在 Microsoft Excel 电子表格等简单工具上记录更新。类似的电子表格也可以记录工作分解结构。通过这类电子表格，项目经理就可以运行项目并报告状态。在此示例中，项目经理可以独立管理监管功能，几乎不需要调用组织资产作为监管过程的资源。

在其他情况下，组织内执行的项目可能会使用人力资源，这些人力资源需要安排使用时间、设备和设施以及必须协调的材料采购。在这些情况下，监管活动可能需要将这些监管功能集成到组织中。这称为集成监管信息系统。

示例

现在有一个为客户开发电信设备的项目。该项目利用了几种类型的人力资源，并对多个部门提出了技能要求。这个项目还需要详尽的物料清单，包括监管关键组件的采购、调度设施（如开发原型的实验室设备）以及制造资源来进行试生产。所有这些过程都需要整个组织（包括网络）之间的连接，才能正确、成功地进行监管。在这种情况下，监管信息需要利用组织中使用的多项工具在组织内收集、存储、分析和交流信息。

项目监管信息系统

所有项目，无论大小，都必须进行工作活动来完成项目目标中要求的可交付成果。在收集了每个工作活动的信息并估算了每个活动的工期以及与每个活动相关的成本之后，项目经理需要创建一个监管工作活动的系统，确保按项目计划执行实际的活动工期和成本。要开发监管信息系统，项目经理必须首先了解进行监管的原因：

- 为什么监管工作活动这么重要——首先，项目经理必须清楚地理解为什么需要监管工作。项目的初始概念阶段以项目目标的形式概述了总安排、假设条件和客户期望。可以在合同协议可依据的特定项目进度计划和预算中进一步定义此目标。因此，期望就是商定的可交付成果将以商定的价格在预期的质量水平和完工日期完成。

    现在，项目经理有责任确保组织在交付内容、完工日期和议定价格上恪守承诺。仅当项目经理正确识别并记录了所有工作活动要求，并且记录了特定的进度计划和预算估算以建立项目计划时，这个目标才能实现。因此，项目经理必须监管和控制每项工作活动，以确保按照项目计划生产可交付成果。

- 监管内容——项目计划通常会包括所有特定的工作活动，并且必须根据项目计划执行每个工作活动，所以项目经理需要监管所有工作活动。项目经理还需要监管每项工作活动，包括进行中的实际工作质量、每项活动的工期以及每项活动的实际成本。除了这三个主要组成部分外，应监管的其他项目还包括工作活动的范围、人力资源绩效、潜在风险以及获取活动价值和利益相关者参与的信息。

- 使用哪些工具和技术来创建监管系统——如前文所述，项目经理可以根据项目类型使用各种工具和技术对系统进行监管。监管的形式和实现方式可简单可复杂。"监管和分析工具"部分将详细介绍用于各种监管类型的特定工具和技术。

- 如何使用从监管工作活动中收集的信息——在执行工作活动时，监管系统会获得相应工作活动的信息。下一个问题就是如何处理已收集的信息。项目经理有责任确保对信息进行正确的记录、有效的分析，并传达给对项目活动的结果感兴趣的人。所收集信息的主要用途是将实际数据与项目计划的估计数据进行比较，以确保工作的质量和完整性、活动的工期以及活动成本与初始项目计划的一致性。项目经理通常将这些信息实时更新并传达给组织中需要该信息的其他人。在一些情况下，客户可能需要项目活动的某些状态信息。项目经理的任务是有效、准确地收集项目活动数据，记录和分析数据，以及传达项目活动状态。

监管和分析工具

监管项目活动有两个主要作用：收集有关项目活动的信息；分析信息来确定工作活动的每个组成部分的状态。项目经理要参考项目计划或工作分解结构来确定每项工作活动的特定要求。这些信息很重要，它们定义了每项活动的工作范围。主进度计划中包含了完成每项工作活动所需的工期估算信息，预算中包含了完成每项工作活动所需的估算费用。这两项信息组成了项目经理用来与每项工作活动的实际情况和采购进行比较的信息基础。下面是一些常用的项目管理工具和技术，可用于收集信息和分析信息以确定项目状态。

信息收集工具

项目经理首先要采取各种方式来获取反映项目活动中实际情况的信息。具体采取哪种方式取决于组织和项目经理可以通过项目和技术获得哪些信息。可以通过简单地观察项目活动，参加报告更新数据的会议，或者建立监管系统来获取工作活动的状态。和所有的信息收集一样，信息的完整性及可靠性至关重要，这也是项目经理应采用多种方式来收集信息的原因。

状态会议

组织内一般会召开两种类型的会议：向其他成员报告信息；从会议参与者那里获得或征求满足项目要求的信息。项目经理可以定期召开项目状态会议，获取与工作活动状态直接相关的信息。如果提供信息的人员具有特定工作活动的第一手知识，那状态会议就是一种准确可靠的信息收集方式。在项目状态会议中应收集或讨论的信息包括：

- 自上次更新以来完成的工作活动进度；
- 当前工作活动在活动进度计划中的位置；

- 报告工作活动的实际成本；

- 讨论已经发生或即将发生的问题或风险。

主题专家

项目经理还可以向具有特定工作知识和经验的人征集特定的工作活动信息，这些人被称为主题专家。主题专家通常承担执行活动的实际工作，或者直接监督执行工作活动的人。实际从事工作活动的个人具有关于进度以及与特定活动有关的任何问题的第一手信息；这些信息通常被认为是准确可靠的。建筑项目就是很好的例子。在建筑项目中，项目经理可以直接在工作现场从进行工作活动的人员那里获取第一手信息。在其他情况下，项目经理可以与无法参加状态会议但可以提供准确和可靠的第一手信息的个人进行非正式的一对一会议。

检查表

基本信息收集的另外一种方式是使用检查表。检查表列出了项目活动，为员工提供了核对完成点并记录工期的工具，在某些情况下，检查表也会记录特定工作活动的成本信息。检查表的形式可以是一张纸，也可以是随时更新的电子表格。项目经理会定期收集这些检查表或在组织网络中查看电子表格，记录工作激活状态和进度以及可能包含的所有成本信息。使用检查表是一种收集直接活动信息而无须安排会议的方法，常用于简单的工作活动，因为可以很容易地记录更新。对于简单的工作活动，检查表是项目状态信息的良好来源，如图 11-1 所示。

工作活动名称：		日期：	员工姓名：	
活动任务	工人姓名	预期时间	实际时间	返工需求
检查材料	乔	90 分钟	67 分钟	
准备工具	山姆，乔	60 分钟	35 分钟	
获得说明	查理	30 分钟	22 分钟	
粗切材料	山姆，乔	240 分钟	267 分钟	刀片坏了，需要更换
清洁边角	山姆，乔	120 分钟	94 分钟	
递送材料	查理	30 分钟	20 分钟	
清洁区域	山姆，乔	60 分钟	55 分钟	
返还工具	山姆，乔	30 分钟	21 分钟	
报告完成	查理	10 分钟	10 分钟	

图 11－1 项目活动检查表

信息分析工具

项目经理通过监管工具和技术收集有关工作活动的数据后，下一步就是分析信息的真实含义。请务必注意，监管不仅仅是收集数据和报告状态。项目经理不仅要监督项目内所需的所有活动，还要"管理"活动使其符合项目计划。如果项目经理已经有效地将工作活动的期望传达给执行该工作活动的人，并且已经制定了进度工期和成本的估算基准，那么他必须认真"管理"这些工作活动，使其尽量达到这些估算值。这需要收集有关工作活动状态的信息，并分析该信息所揭示的内容。有几种方法可以分析工作活动产生的信息，具体取决于如何分析信息和／或将其与其他表明工作状态、进度或成本的参数进行比较。

项目 S 曲线分析

利用基本的分析工具可以获得关于某个参数的信息，这个参数与特定工作活动本身或整个项目其余部分中的第二个参数有关。项目S曲线分析可以获取有关参数的信息，如成本与时间或工作活动进度的关系，并利用简单的网格来显示和分析。简单的S曲线分析的作用是将实际性能与估计性能进行比较。在表11-1所示的例子中，已收集的数据点显示了记录的每项成本以及工期（以周为单位）；图11-2中相应的S曲线显示了实际成本与项目预算成本的比较。

表 11-1 预算与实际活动成本

项目成本预算							
工期（周）							
活动	2	4	6	8	10	12	14	16
设计	4	8	6					
开发		2	15	21	10	4		
测试				14	12	6	4	2
安装						2	7	3
总成本	4	10	21	35	22	12	11	5
累计成本	4	14	35	70	92	104	115	120
实际成本	3	10	31	74	99			

重要节点分析

另一种分析形式是根据项目计划中设计的主要时间点或评估点对项目状态进行评估，这些点称为重要节点。项目计划或工作分解结构可以设计一些节点作为项目状态的主要时间点或评估点。在某些情况下，它们可能是必须设计的法规检查点；也可能是工程设计审查的停止点。在这些重要节点上，除非就已完成的工作达成共识，否则无法继续采取进一步的行动。在其他情况下，项目经理可

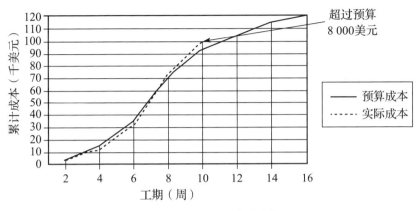

图 11-2　项目 S 曲线分析

以在完成项目的主要部分之后暂停，对客户和 / 或高层管理人员总
结目前取得的成果，并评估项目绩效，进行状态报告。图 11-3 是
用菱形图标的节点表示重要状态点的示例。

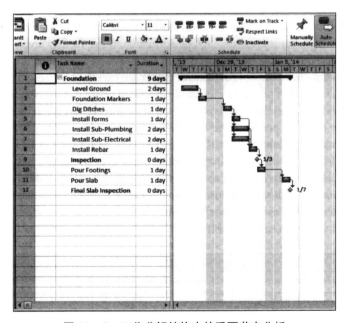

图 11-3　工作分解结构中的重要节点分析

控制图

控制图是另外一种简单的可以图形说明成本或进度执行情况的方式。控制图可以表现相对于参考点的实际性能差异。图中有两条数轴，指示两个要评估的参数，其中零点表示估计值或基准，而绘制的数据表示相对于零点基准的实际性能。控制图通常用于识别信息趋势，显示参数在一个特定方向上逐渐产生变化。此处要注意，项目经理评估项目绩效不是为了获得最佳绩效，而是为了明确相对于预期基准或初始估算的绩效。

控制图可用于趋势分析。如果数据呈负向趋势，则表明不良绩效增加，需要采取控制措施以改善绩效。控制图还可以显示性能的异常，这需要进一步调查。例如，使用控制图追踪进度和成本绩效，并且两者均显示异常的高性能状态，进一步的调查可能会表明交付的工作质量下降，因此成本和进度需要有所改善。控制图非常适合揭示相对于预期性能的正向或负向异常性能变化。图 11-4 说明了控制图的基本结构，其中中心线是平均值 ($\overline{x}$)。该图的实际控制部分包含一个控制上限（UCL）和一个控制下限（LCL），分别代表正向和负向与平均值的三个标准偏差 ($\overline{x} \pm 3\sigma$)。除控制界限外，最好还要建立指示故障或不合规格情况的实际指定限制。这些都可包含在指定规格上限（USL）和规格下限（LSL）的图中，如图 11-4 所示。

如图 11-4 所示，通过控制图这种监管工具可以看到，第 6 天的活动落后于进度计划。控制图的好处在于，项目经理可以同时使用控制界限和规格界限来确定问题的严重程度以及适合的控制方式和种类。该监管工具允许将直接的活动反馈转化为控制要求。

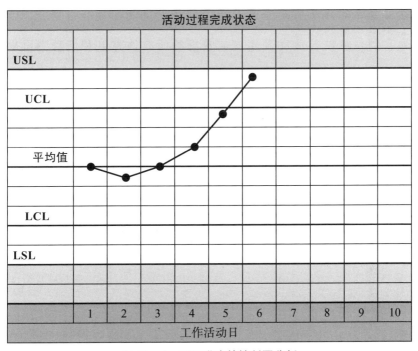

图 11 - 4   项目进度的控制图分析

创建基准

在分析项目活动绩效的过程中，要将实际绩效与项目计划中收集和记录的信息进行比较。这些信息需要按照时间顺序、所有工作包的要求、每项工作活动的计划工期以及每项工作活动所需的一切费用进行估算。这些信息可用于形成名为基准的比较标准。

　　在进行监管分析时，项目经理至少需要三个标准来进行绩效评级以及控制三重限制因素：可交付成果的质量、进度以及成本。这三个因素是在每项工作活动上都要收集的主要信息，在项目开始时用于创建基准。使用这些信息创建基准很重要，因为它们是从项目活动开始之前收集的所有估算值和信息中得出的。这些信息还代表组织与客户之间达成的约定和期望。在项目开始后，实际的工作活动和采购已经开始，就不能用这些数据形成基准，因为它们现在已经是实际数据，不能用于性能比较。

　　如果创建工作分解结构之后使用了诸如 Microsoft Project 之类的项目软件，前置关系已经确立，并且已经包含了成本估算，则项目经理可以通过单击相关按钮轻松创建基准，如图 11 - 5 所示。

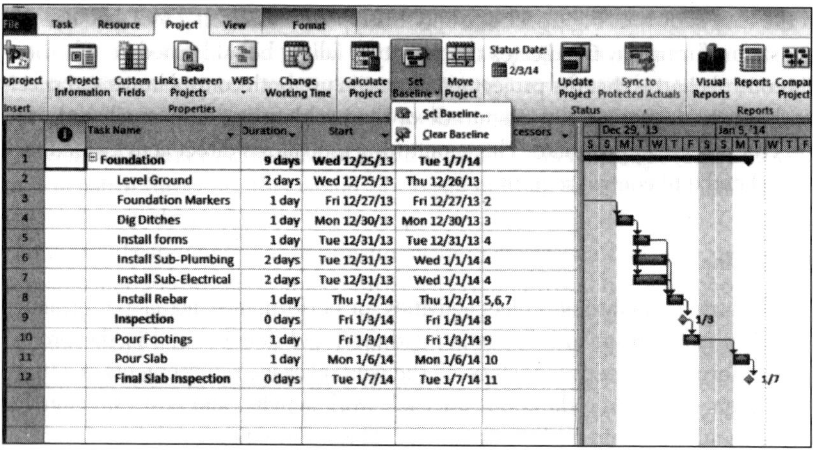

图 11 - 5　在 Microsoft Project 中创建基准

甘特图追踪

项目经理还可以使用另一种工具来追踪时间分段结构中工作活动的绩效，即甘特图追踪。如图 11 - 6 中的 Microsoft Project 界面所示，甘特图允许用户在屏幕左侧查看工作活动。甘特图可以显示项目状态的更新，因此也显示了相对于时间的完成百分比。甘特图追踪图表非常适合比较实际绩效和计划绩效，以图形方式帮助项目人员将绩效分析的结果作为已完成工作活动的函数进行沟通。图 11 - 6 显示了一个建筑项目活动的工作分解结构：左侧的下拉菜单显示了如何使用甘特图的追踪功能。

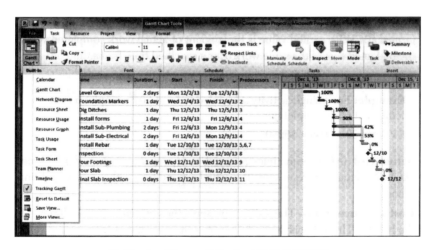

图 11 - 6　Microsoft Project 的甘特图追踪

挣值分析

目前在项目管理中进行性能分析的一种更流行的方法是挣值分析（EVA），它通常被称为挣值管理（EVM）。大多数工具都很容易合并诸如进度/时间和成本之类的参数，以便将实际值与估计值进行比较，但大多数情况下并不容易合并工作绩效的量化分析。挣值分析的主要特征是能够将工作活动的过程与进度和成本绩效结合在一起分析。为了解如何在监管绩效工作活动中使用挣值进行分析，我们从基本术语和相关公式开始。

计划值（PV）——有时称为计划的预算工作成本。计划值是在指定时间范围内为特定工作活动计划的工作预算成本，表示活动期间给定时间点的计划预算值。这个值可以定义一项特定的工作活动，也可以是一个项目所有成本的累积总和。

$$PV = 活动总预算 \times 进度计划的完成百分比$$

示例

对于完成度为80%的单个活动：

$$PV = 9\,630\,美元 \times 0.80 = 7\,704\,美元$$

挣值（EV）——有时称为已完成工作预算成本，是在指定时间范围内实际完成的工作量及其预算成本之和。

$$EV = 活动总预算 \times 实际完成百分比$$

示例

对于计划应完成80%但实际上只完成65%的单个活动：

$$EV = 9\,630\,美元 \times 0.65 = 6\,260\,美元$$

实际成本（AC）——指执行工作的实际成本，表示在指定时间范围内的实际支出。

成本偏差（CV）——成本偏差代表参考预算的成本差异，是通过挣值减去实际成本得出的值。成本偏差存在负值表示活动或项目超出预算。

$$CV = EV - AC$$

进度偏差（SV）——进度偏差表示进度中的差异，是通过挣值减去计划值得出的值。进度偏差为负值表示活动或项目落后于进度计划。

$$SV = EV - PV$$

成本绩效指数（CPI）——这个值代表挣值与实际值之比。作为比率，如果实际成本与挣值匹配，则比率等于 1，表示实际成本与预算持平；如果 CPI 小于 1，则活动或项目超出预算；如果 CPI 大于 1，则活动或项目在预算之内。

$$CPI = \frac{EV}{AC}$$

进度绩效指数（SPI）——这个值表示挣值与计划值的比率。作为比率，如果计划值与挣值匹配，则比率等于1，表示活动按计划进行；如果 SPI 小于 1，则活动或项目落后于计划；如果 SPI 大于 1，则活动或项目先于计划。

$$SPI = \frac{EV}{PV}$$

预算完成值（BAC）——这个值表示所有估算的活动成本的总和，形成了预算的项目总成本。

估算完成所需值（ETC）——这个值表示完成项目所需的剩余成本的估计，用于定义项目的未完成部分，或者从项目的特定点到完成项目的距离。ETC 可用以下等式表示：

$$ETC = EAC - AC$$

$$ETC = \frac{BAC - EV}{CPI}$$

估算完成值（EAC）——这个值表示迄今为止所有实际成本的总和加上完成项目的估算。可根据以下等式针对各种项目条件得出该值：

$$EAC = AC + ETC$$

$$EAC = AC + BAC - EV \text{（没有预期的 BAC 偏差）}$$

$$EAC = \frac{BAC}{CPI} \text{（当前的 CPI 会继续变化）}$$

项目完成差值（VAC）——这个值表示项目完成时预算的总差值。可以通过预算完成值减去估算完成值得出该值。

$$VAC = BAC - EAC$$

现在，可以利用示例项目中的数据来查看如何使用挣值来分析从项目活动中获得的信息。

示例

初始项目基准信息（进度计划和预算）表 11-2 至表 11-4 列出了可用挣值分析计算得出项目绩效的典型项目信息。

根据表 11-4 中的挣值计算，可以看到活动 C、D 和 E 超出预算，活动 E 落后于计划。

表 11-2　项目预定工期和前置活动

项目开始工期和预算			
任务	活动工期（天）	前置活动	预算（美元）
A	3	—	3 620
B	6	—	8 975
C	3	A	12 150
D	2	B	5 160
E	3	B	5 630
F	2	C	2 250

表 11-3　按天计划的项目工期

按天计划的项目工期（第 7 天时的状态）										
任务	1	2	3	4	5	6	7	8	9	10
A										
B										
C										
D										
E										
F										

故障排除工具

当项目经理收集有关工作活动绩效的数据时，毫无疑问，分析的结果有时会显示出目前的问题或趋势。在这种情况下，项目经理

表 11 - 4 挣值计算

任务	活动总预算（美元）	进度计划完成（%）	PV（第7天）（美元）	实际完工（%）	EV（美元）	AC（美元）	CV (EV - AC)（美元）	SV (EV - PV)（美元）	CPI (EV/AC)	SPI (EV/PV)
A	3 620	100	3 620	100	3 620	3 530	90	0	1.03	1.00
B	8 975	100	8 975	100	8 975	8 740	235	0	1.03	1.00
C	12 150	100	12 150	100	12 150	15 050	（2 900）	0	0.81	1.00
D	5 160	50	2 580	60	3 096	3 380	（284）	516	0.92	1.20
E	6 360	33	2 099	15	954	995	（41）	（1 145）	0.96	0.45
F	2 250	0	0	0	0	0	0	0	0.00	0.00
	38 515		29 424		28 795	31 695				

需要在纠正或控制问题之前先确定情况。必须在采取行动之前确定问题的根本原因，以免忽略问题的实际根源，还要对未解决实际问题的部分采取措施。在某些情况下，为解决问题而错误地采取行动或控制可能会造成更多问题。项目经理要确定问题真正的根本原因，这样才能直接针对根本原因实施行动，有效解决问题。

项目经理可以使用本章介绍的分析工具来发现趋势或潜在问题，还需要借助一些故障诊断的分析工具和技术来帮助查明问题的根本原因。以下内容描述了项目管理中使用的一些基本工具，它们可以利用从工作活动中收集和分析的信息来进行根本原因分析，目的是发现影响工作质量、进度或工作活动预算的实际问题。

根本原因分析

用于分析工作活动监管信息的第一个工具是根本原因分析。这项技术很简单，可以从分析监管信息的内容开始，发现存在的问题和趋势。接下来要求工作人员识别所有可能导致问题的情况或"根本原因"，可能只有一个根本原因，也可能存在多个根本原因或已发生的风险事件。

通过专家咨询、条件审查和进一步的测试，可以确定根本原因，并采取措施来准确地解决问题。根本原因分析通常是在故障排除的第一阶段使用的工具，它的优点是简单易行，可产生对意外的准确预测结果。根本原因分析的缺点是缺乏能够确定根本原因的工作人员，并且一些工作活动过于复杂，需要更复杂的故障排除技术。

故障树分析

故障树分析（FTA）是另外一种简单的、易于理解和实施的工具。故障树分析旨在通过使用代表"与/或"的故障树来确定根本原因，从而缩小问题事件的范围。该技术要求项目经理从了解工作活动的员工那里征集具体信息，审查收集的信息，分析暗示存在问题的结论，然后使用这些信息来开发故障树。使用故障树分析的优点是不仅可以识别可能的问题情景，还可以识别情景在问题产生中可能具有的关系。另一个优点是，可以在主题专家参加的会议中使用故障树：主题专家可以集思广益，讨论本来可能被忽视的各种情况。图 11 - 7 显示了如何构造故障树。

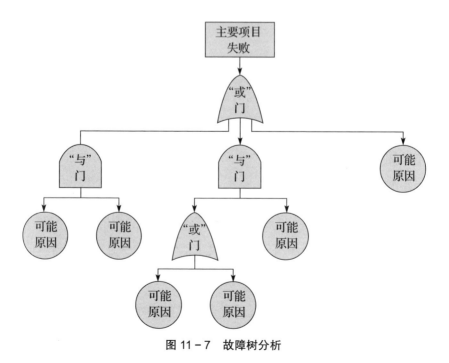

图 11 - 7 故障树分析

监管结果

　　监管工作活动过程的最后一步是确定如何使用收集和分析的信息以及谁需要这些信息。因为项目要利用人力和其他组织资源，所以项目经理必须了解与利益相关者和需要这些信息的其他人交流项目状态的重要性。如果特定的工作活动落后于进度计划，或者采购导致了进度或预算问题，则受这些问题影响的其他人员需要知道问题的严重性以及是否有解决方案。基本思路是：项目产生信息，之后项目经理收集信息，对信息进行分析并确定需要采取何种行动。

　　根据对工作活动监管的分析结果，可能会采取一些其他措施，比如补救措施、变更请求或调整工作活动绩效的控制措施等。还可以更改其他部门的时间表，针对项目内工作活动中的问题进行调整。信息和状态的沟通至关重要，项目经理必须确保对项目活动的监管能够保持稳定的信息流，再对项目绩效进行分析。

工作绩效报告

　　项目经理从监管工作活动中收集数据时的首要工作是准备工作绩效报告。工作绩效报告向利益相关者和其他经理提供工作活动的进度和绩效。根据项目的大小和复杂性以及组织结构的不同，工作活动进度和绩效的报告可能采用不同的形式，可能会根据节点或报告项目状态的其他情况的要求进行报告。在大多数情况下，传达给适当个人的工作绩效报告会基于信息的内容形成讨论、决策和采取行动。

在较大的项目中，项目经理可能会有助手和人员辅助分析，并采取措施减少或消除项目内部的问题或风险。然后将整体状态报告给利益相关者或高层管理人员。在其他项目情景中，项目经理可以采用报告、备忘录或变更请求的形式将信息和基本分析的结果传达给组织内的其他人，将问题升级为寻求项目外的帮助。然后，项目经理会向组织内的其他人员寻求帮助并解决问题。

在任何项目情景中，数据的收集和分析以及项目活动状态的报告都是至关重要的，这不仅是因为它们可以报告提供工作活动进度的总体信息，还因为适当的人可以通过这些报告来解决问题，这是必要且有效率的。绩效报告可以采用手写文档或备忘录的形式，也可以采用电子表格或文本文档的形式概述总体状态信息。可以将绩效报告手工交付和／或通过电子邮件发送给其他需要此信息的项目人员、利益相关者或员工。通常会在会议中传达项目活动状态，会议中的项目人员和其他需要此信息的人员可以查看和讨论详细信息。这些类型的会议还可能发展为异地电话会议或视频会议，可以向其他项目人员、管理人员或个人告知工作活动的进展并就项目问题展开讨论。项目经理可以利用电子白板和其他工具来传达工作活动的详细信息，或者在讨论和分析有关特定工作活动问题的信息时使用这些工具。项目经理了解基本的沟通概念和沟通形式，对于向对项目感兴趣或有责任的个人和利益相关者有效传达项目信息和状态非常重要。

新风险评估

项目活动监管的另外一个结果是发现新风险以及新风险将给项目进度和预算控制带来的其他挑战。如本章所述，监管项目活动会根据已经发生的项目活动信息显示异常、问题或趋势。相同的信息可能会揭示尚未出现但可能发生的新风险的可能性。重要的是，项目经理和帮助分析工作活动信息的人员应该知道，这些信息不仅记录了已发生的事情，而且对正在发掘潜在风险事件的人员来说也非常宝贵。这是活动监管的非常重要的一点，它为项目经理和项目人员提供了难得的机会，可以在问题发生之前进行计划。

通常在分析项目活动数据时会发现新的潜在风险。这也对项目经理或项目人员提出了新的要求，他们需要掌握丰富的知识，并注意信息中揭示了哪些他们尚未发现的问题。这是项目经理培训其他协助分析监管工作活动信息的项目人员的一个很好的机会。项目经理可以帮助他们区分已经发生的问题与将来可能发生的问题。对于项目人员来说，这种培训非常有用，可以最大限度地利用从工作活动中收集到的信息。

纠正措施要求

根据从项目工作活动中收集和分析的信息所得到的结果，可以确定工作活动是否按照预算和计划进行，是否需要采取进一步措施。还可以看出是否需要纠正影响项目的问题，确保工作活动按计划和预算进行并获得预期质量的结果。当项目经理准备并传达某项特定活动正在发生问题的工作绩效报告时，这些报告通常会引起大家的讨论，需要进一步分析原因，确定可以采取哪些措施来纠正问题。讨论和分析的结果可能是提出纠正措施的要求，并在工作活动中予以记录和实施。这是实施监管工作活动以及收集和分析信息的另一个重要原因：不仅有助于了解工作活动的状态，还可以提供信息，项目经理可以管理所执行工作的质量，并确保活动按计划和预算进行。有关工作活动的纠正措施控制的更多信息参见第 12 章"进度和成本控制"。

预测调整要求

在项目经理监管工作活动并审查和分析有关活动进度的信息时，如果工作活动如期进行并按预算产出预期的工作质量，就无须采取进一步行动；但有时候信息会提示需要采取纠正措施。后者会影响预算或进度，可能需要对预测项目计划中的剩余工作活动进行调整。预测要基于初始项目计划，包括进度计划的工期估算、工作活动的成本估算以及为生产预期可交付成果而进行的工作定义，这样可以确定项目的基准。这是项目经理遵循的预期计划，并将它用作比较衡量活动过程的实际工作、活动工期和成本的基准。

如果必须执行的纠正措施或控制措施对进度或预算会产生不可

避免的不利影响，那么项目经理必须对其进行调整，并公布新的完工期望。如果这种调整影响了项目进度，那么更新后的预测要基于实际工期与基准（也称为进度偏差）的差异，并可以在估算完成所需值中进行计算和传达。如果这种调整影响了预算，那么更新后的预测要基于实际成本与基准（也称为成本偏差）的差异，并可以在估算完成所需值中进行计算和传达。然后，项目经理需要将更新的预测或估算有效地传达给需要了解项目计划关键更新的项目人员和组织中的其他人员。

变更验证分析

我们已经讨论了通过监管工作活动来收集有关工作质量、活动工期和工作活动成本的相关信息，以及通过监管工作活动与进度和状态的基准进行比较。这些在项目管理中都是非常重要的步骤。监管也起着另一个非常重要的作用：如果对工作活动进行了变更，就需要监管变更的效果，验证变更是否产生了预期的结果。实施变更并不意味着可以高枕无忧，很可能并不能按预期发展，所以监管实施变更的活动会产生新的信息，应对变更产生的影响进行分析。

监管工作活动的原因是要继续收集活动进度的信息，这是一个持续的过程，直到完成工作活动为止。工作活动的变更可能会导致其他异常情况或新问题，甚至可能带来潜在风险。对变更的监管是工作活动中非常重要的一环，因为变更可能会带来预期的积极影响，也可能产生更多的负面影响。如果产生负面影响，项目经理就必须立即重新分析信息并迅速采取新的行动方案，减轻或消除对进度或预算的进一步影响。

监管项目活动是项目经理获取信息并分析在完工过程中实际发生的内容（与项目计划中记录的预期信息相比）的方式。通过使用监管工具和相关的技术，项目经理可以管理活动，而不是简单地报告状态。

■ 思考与讨论

1. 讨论集成监管的含义。

2. 谈谈项目经理监管项目工作活动的主要原因。

3. 结合实际例子讨论如何在项目中使用信息收集工具。

4. 为什么要分析信息？项目经理需要关注哪些特定数据？

5. 请说明如果在活动信息分析中发现问题，需要进行根本原因分析的原因。

■ 应用练习

案例研究：彭塔建筑公司

彭塔（JP Phentar）在 27 年前创建了彭塔建筑公司，主要业务是建造定制住宅。公司专营特殊地点的大型异国风情民居，如将民居建造在树木繁茂和多岩石的地形、山坡或沙滩上。彭塔建筑公司的客户有跨国公司的高管、国家元首和电影明星等。这些项目通常是建造既有趣又有挑战性的房屋。

彭塔目前的重点建筑项目是为自己的家人建造一处住宅。彭塔购买了 3 英亩的山麓地形，其中还有一些大块岩石露出地面，必须挖出岩石才能建造预期面积达 8 500 平方英尺的有六个卧室（附带六间浴室）的住宅。这处住宅设有一间精装的游戏室（配备专业台球桌和街机游戏）、一间宽敞的家庭活动室（配备石壁炉）、一间功能齐全的家庭影音室（配备大屏幕电视、环绕立体声音响和剧院座椅）。室内还有一个容量为 35 000 加仑的咸水养鱼缸作为重要装饰，鱼缸将从房子中心的一楼开始，向上延伸两层楼高。鱼缸内有一大块岩壁，上面覆盖着各种各样的珊瑚虫和海胆；鱼缸内的水是活水，用于放养精美的热带鱼。房子的外面有一个带水疗中心的大型游泳池和一个带顶棚的露台，露台上有完整的户外厨房。

因为彭塔过去完成过类似的项目，所以他非常了解修建这些设施所需的一些承包商可能会在成本估算、质量水平和进度方面出现问题。具体问题包括清理大块岩石和安排专用设施（如游戏室、影音室和鱼缸）。工作活动的排期是个棘手的问题，因为某一区域的施工可能会影响房子其他区域的施工。但如果在该项目生命周期中能运用适当的项目管理工具和技术来监管和控制关键活动，彭塔有信心成功完成这个项目。

案例研究练习

1. 确定哪些信息收集工具对该项目最有效，哪些活动需要监控。

2. 根据工作活动数据，可以使用哪些类型的分析工具来确定项目状态？

3. 是否需要采取任何纠偏措施？

第 12 章

进度和成本控制

当项目在组织内获得批准时，期望是原始预计采购的资源和材料足以完成项目计划中概述的项目目标。根据组织的规模和结构，以及给定项目的规模和复杂性，项目经理可能负责或协助制订项目计划、进度计划和预算。但是，项目经理的主要职责是监管项目活动并进行控制，确保项目活动能按计划和预算产生预期的可交付成果。收集和分析工作活动信息以及评估控制措施会占用项目经理大量的时间。

项目经理需要了解监管和控制项目活动之间的区别。如第 11 章"进度和成本监管"所讨论的，监管是通过信息收集和分析来确定工作活动绩效的状态。严格来说，监管有一种信息收集和分析的功能，可确定是否需要采取措施来纠正工作活动绩效。这是项目经理非常重要的任务，因为这是确定项目是否按时、按预算进行并在可交付成果中产生预期质量的第一步。项目经理还有一项任务是根据收集到的信息来分析、确定是否需要变更或控制才能对活动绩效进行纠正。因此，监管和控制项目活动可以归纳为两个主要功能：

监管——收集和分析信息以了解工作活动中正在发生的情况；

控制——根据对收集到的信息的分析，采取措施进行纠正（变更），以调整工作活动，实现预期活动绩效。

控制与监管的不同之处在于，控制的目的是通过变更来影响某种情况，而监管与情况中的行为密切相关。但控制和监管都要通过收集和分析数据才能确定工作活动的绩效和状态。监管的结果将决定活动是否按计划和预算进行，以及是否要对项目采取措施，从而影响工作活动绩效。如果管理项目活动的目的是在进度计划和预算内确保项目可交付成果的质量，那么项目经理必须控制工作活动；如果要保证绩效，就可能要对项目进行变更。

变更控制

控制工作活动的主要方式是通过变更来影响活动绩效。如果变更是控制工作活动的主要工具，那么重点应该放在控制变更和理解变更可能对项目产生的影响上。对于项目经理而言，变更可能是好事，也可能是坏事，因为特定变更试图实现的意图可能是好的，但如果变更的实施不受控制，它就可能产生不可预测的负面影响。

项目中的多个级别都可以进行变更。比如，变更可能涉及项目可交付成果的范围和期望、工作活动的组织过程、利益相关者的期望，以及可能需要解决的与采购和外部承包有关的许多资源变更问题。这些都是工作活动所需的公共资源。在某些情况下，重新定义工作活动的特定流程可能必须要对文档进行重大变更，或者要将文档发送给负责采购项目的供应商。如果需要对项目进行变更，但组织内部尚未开发变更控制流程，那项目经理的下一项任务就是开发和利用变更控制流程来管理其实施。

作为过程的变更控制

和整个组织中其他多数工作活动一样，变更控制活动也要经过开发和维护过程。过程明确定义了正确有效执行一项活动所需的各个步骤。对项目进行变更的方式是概述实现变更所需的活动，因此可以作为一个过程进行管理。控制变更的唯一方法是开发变更过程，以便对其进行记录和统一使用。之后，项目经理可以在项目的所有级别上利用这个过程来管理执行工作和衡量变更对工作活动的影响。

变更过程的四个主要步骤是：提议、执行、沟通和评估。

1. 提议。

（1）收集资料。确定是否需要进行变更的第一步是查看从工作活动中收集的信息，对其进行分析以确保其符合工作活动预期，并确定是否需要采取纠正措施。变更应始终基于从工作活动中获取的实际数据，而不是未直接参与相关工作活动的个人的意见或传闻。

变更的前提条件是信息分析清楚地表明需要进行变更，并且数据的有效性毋庸置疑。

（2）定义对特定变更的需求。在确定需要对工作活动进行变更之后，可以通过信息分析来制定拟议变更的细节和范围。在变更过程中这一步很重要，因为它以一种评估变更需求的人能够理解的方式总结了数据实际指示的内容。另外，拟定的结果中还要包括预期的活动绩效。

（3）提出变更。在明确了变更需求之后，就要找机会以提案的形式提出变更需求。提案可以采用概述变更细节的简短声明的形式，这称为变更通知单；也可以采用复杂详细的提案，填写书面建议，详细概述所有的信息、图表、图形和其他相关文档，准确阐明变更范围。总而言之，提案的最终目的是将变更的详细信息记录在案并传达给评估变更的人员以供批准。

（4）验证并通过。提案应提交给由在工作活动方面有丰富知识的个人组成的团队，他们可以评估提案中提供的信息并确定行动方案是否可接受。他们有可能会要求进行离线测试来验证提案中某种变更措施的结果。在其他情况下，主题专家对其他措施的意见也可能会产生类似的结果，这对进度或成本的影响较小。在确认变更之后，要在项目状态更新文档中显示该团队确认通过信息，保证变更已得到评估和批准；然后可以在项目状态更新中传达此信息。

2.执行。

（1）执行变更。提议的变更获得批准后，考虑到所需变更类型的不同，更难的一步其实是执行阶段。有时候人对于变化的本能抗拒可能会给项目变更带来阻力。原因可能仅仅是对未知的恐惧，也可能是提案中预期结果的细节不足。最好的解决方式是让项目经理事先通知将要执行变更的人员，鼓励他们提出问题，和他们沟通变更的详细信息，帮助他们了解变更的方式和原因。对于项目经理来说，很重要的一点就是要告诉执行变更的人员之前的工作活动有问题，必须要进行变更才能使工作活动绩效符合规范。项目经理应该明白获得负责执行变更的工作人员的信心的重要性，因为这可能是成功完成变更的重要因素。

（2）管理变更范围。负责实施变更的项目经理和/或负责人需要管理所需变更范围的详细信息。这也是很重要的一项任务，因为执行变更的人员对某些细节的理解可能与了解变更范围的人员有所不同。只有完全按照记录和提案的方式执行变更，变更才会成功，因此在执行过程中管理细节至关重要。

（3）公布变更。执行过程完成后，实施变更的项目经理和/或负责人应记录所有步骤均已完成，并且变更流程已得到验证。这一步可以让负责工作活动的人员以及其他项目人员和利益相关者知道变更完成的时间。重要的是，变更过程必须有明确的完成点，以便从该完成点记录信息收集和分析，并准确反映变更产生的影响。变更过程也可能需要以最终签字的形式来正式确认完成。

3. 沟通。

（1）建立沟通小组。变更沟通与变更过程一样，要将负责评估和批准提案的人组织起来，为此需要重新建立一个沟通小组，其中包括所有对变更感兴趣的人。该小组可能包括评估提案的初始人员，也可能包括职能经理和行政人员或其他需要了解已实施变更的支持人员。

（2）确定适当的沟通方式。考虑到原始提案中使用的信息类型以及为确认变更已完成而收集的信息，接收信息的人需要以一种易于理解的形式来获取信息。如果可以在备忘录或电子邮件中轻松沟通变更，那么可以将备忘录和电子邮件作为沟通工作活动状态变更的简单形式。如果所需的变更更加复杂，并且需要更详细和复杂的提案，则需要以能有效与他人沟通的其他形式来传递相似级别的详细信息。信息沟通可能不会在同一位置，因此有可能要使用其他创造性的沟通形式。

4. 评估。

（1）与初始基准进行比较。在工作活动变更的执行和完成中，另一个重要的组成部分是与初始基准进行比较，继续评估活动并分析绩效。这一步骤用于验证变更是否确实产生了预期的结果，并且要根据项目基准来衡量工作绩效。进行任何变更时，都需要验证该变更是否成功，是否产生了其他问题，或者变更是否根本没有产生预期的结果，是否需要重新开始。重要的是，仅仅通过变更并不总是能提高工作活动的绩效，在某些情况下甚至可能产生其他问题。项目经理的一大任务就是验证变更是否产生了预期的结果，这也是项目经理发挥的控制职能之一：尽量保证工作活动绩效与项目基准一致。

（2）确定可持续性。变更过程的最后一个部分是确定变更的可持续性。在某些情况下，变更对工作活动的绩效具有永久影响，即变更具有永久性和可持续性。有时变更也可能会产生暂时影响，因为虽然数据测量和分析显示了性能波动，但不一定具有可持续性。这些数据非常重要，因为项目经理需要分析和理解变更的有效性以及该变更是否应保留或取消。在某些情况下，可能只需要对变更稍作修改即可改善其结果和可持续性。这再次证明了监管、收集和分析有关工作活动绩效的数据以追踪实施变更后绩效的任何波动或差异的重要性。

集成变更控制

变更控制流程是一个通用的过程，可以在组织中的任何级别使用，但要使变更控制过程有效，必须考虑其他项目要素。集成变更控制采用变更控制过程，并将其集成到项目中，就可以充分利用初始的工作说明书、已建立的项目基准、已识别的项目风险以及已在项目计划中建立的预定应急计划。通过设计变更控制过程并将其集成到项目中，项目经理可以掌握变更控制过程的结构并对其进行控制，还可以根据项目的特定属性自定义过程以获得最大的控制能力。

还有一些可以将变更控制集成到项目中的文档和工件，包括项目管理计划、变更请求和提案，以及工作绩效信息和分析。另外，从直接相关的项目人员中征集专家信息也是集成变更控制的方法之一，这样还可以加快信息收集和提示分析变更提案的能力。变更控制集成的另外一个优点是能够利用项目人员的专业信息来协助变更验证，这是控制变更的最重要因素。将变更控制过程集成到项目中，可以使项目经理对变更进行更多控制。

将变更控制集成到项目中还有助于项目经理在变更过程中更方便地传达状态。也就是说，在工作活动中更易于对变更的即时状态和与某活动更密切相关的变更状态进行沟通，为项目经理提供可以控制变更过程的另一个途径。项目经理还可以使用变更控制过程对基准进行适当且正确的调整。集成变更控制的总目标是高效地识别变更需求、制订提案和批准流程，以及执行和验证变更。

控制工具和技术

就像收集和分析信息的监管工具一样，控制工具和技术的主要关注点在于纠正偏离的项目活动以改善绩效，实现与项目基准相一致的结果。重要的是，要注意控制工具和技术并不总是包含分析功能，但这些工具和技术意味着项目经理可以采取实际行动来改善控制。

在以下内容中，我们介绍了可用于控制项目工作活动的几种工具和技术。一些技术可用于控制工作活动的进度和成本组成部分，而其他工具和技术则专门用于进度、成本和质量控制。有些工具也可以制定进度和预算，因为它们也可用于开发和控制。在选择和使用控制工具前，最好先通过在监管工作活动中收集的信息确认确实需要进行变更，并且这种变更需要用到控制工具。

项目由进度/时间、成本和交付质量三个主要部分组成，也就是三重限制因素（见图 12-1）。当项目经理启动项目活动，并监管活动以获取信息来分析工作活动的绩效时，其最终目标是将工作活动维持在基准进度、预算和项目可交付成果的预期质量之内。项目经理需要工具来执行影响项目活动的控制措施，以维持基准进度、成本和质量水平。

图 12-1　三重限制因素

应急措施控制

在制订项目管理计划时，项目经理通常会考虑进度计划和预算中的意外事件，创建缓冲区或填充计划，或者专门针对风险事件设计计划。在大多数情况下，应急计划通常从项目开始时即执行。这样一来，如果出现了意外事件，应急计划可以马上成为基准的一部分。在极少数情况下，如果项目运作过程中出现了新的风险事件，可以通过变更控制过程对基准进行调整，启动新的应急计划。

在整个项目生命周期中，针对进度或预算问题执行应急计划的最大控制点在于应急计划执行的方式和时间。应急计划的使用条件是控制，所以只有在绝对需要控制的情况下才会执行应急计划。如果在网络图的某些路径中设计了时间缓冲区，则仅在需要保持进度时才使用它们。有一点要特别注意：项目经理应谨慎启动工作活动中的填充计划，因为执行工作活动的人如果知道可以使用额外时间，就会拖延进度。这就是项目经理控制意外事件的方式：仅在必要时告诉执行人员缓冲区和填充计划的存在。如果能在正确的时间用于正确的目的，应急计划可能是一项非常有用的工具，但如果信息表明工作活动超出预算或进度落后，则项目经理有责任进行根本原因分析。注意，不要在每次进度落后时都简单地对意外事件进行计划缓冲。仅在不得已的情况下作为最后手段使用应急计划，才能实现对意外事件的控制。

进度控制

项目经理需要控制的三重限制因素中的第一个因素是执行工作活动所花的实际时间。项目的规模和复杂性不同，工作活动的难易程度也大相径庭。项目经理必须记住，只有对工作活动中收集的信息进行了分析，并且活动工期、成本或质量的参数已超出可接受的范围时，才需要控制。项目经理还要针对要实施的控制形式建立、审核和批准提案，因为控制通常需要经过某种变更才能实现。使用以下描述的工具和技术来控制进度，项目经理就可以根据组织内部和项目限制内可用的内容改善进度。

进度控制的数据

项目经理首先会在监管过程中寻找信息以控制进度。在监管过程中可以收集和分析信息，还可以通过分析发现工作活动中的问题延长了项目工期。这种分析还可以发现问题的根本原因，为项目经理提供数据来寻求可能的解决方案，最终控制工作活动的工期。建议项目经理仅使用直接从工作活动中收集并进行分析的数据，把这些数据作为考虑变更以控制活动工期的基础。原因在于，这些都是第一手可用的信息，可以显示出要解决的问题。至于与进度相关的问题，一般来说最好将注意力集中在特定工作活动中的参数和特征上，这些参数和特征可以揭示问题和根本原因。之后，项目经理可以征求主题专家和组织内其他人员的建议，寻求可能的解决方案，但是如何解决问题的分析应始终基于直接从产生问题的活动中收集的第一手信息。

关键链方法

关键链方法是一种控制工具，可在特定位置的项目活动网络内设置缓冲区，以控制项目进度。关键链利用网络图项目活动的关键路径方法，在资源利用和优化方面表现很好。缓冲区的表示方式类似于连接到路径内的活动项目，这些活动项目被标识为非工作活动但被预留了时间。使用缓冲区的主要原理是路径的平衡，对汇集到其他路径上的进度进行校正。活动网络中有两类主要的缓冲类型：

供给缓冲——供给缓冲设置在需要通过影响来控制累积计划工期的特定路径上。

项目缓冲——项目缓冲设置在主路径或关键路径上，用来控制项目进度计划的总工期。

图 12-2 是同时使用供给缓冲和项目缓冲的示例。其中，可能必须使用缓冲来调整那两条汇集进入关键路径的路径。可以在活动链结束时的主要关键路径中设置一个缓冲区，来缓解完成日期的压力，并保持与工期估算基准和预期项目完成日期的一致性。

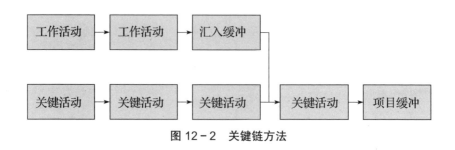

图 12-2 关键链方法

资源平衡

工作活动评估中最常见的问题之一就是资源的利用，以及某些资源如何带来挑战或限制。此处要提醒一下，资源可以是从外部引入的，包括用于项目活动的人力资源、资产设备、设施、可用资金以及合同规定的设备或服务。因为所有这些类型的资源都是在项目开始时就确定和计划好的，所以在工作活动中需要它们时，它们的可用性和有效利用可能并不总能按计划进行。

在大多数情况下，过度利用和资源可用性的变化通常是资源问题的根本原因，这些问题会在需要启动工作活动时产生与计划或成本相关的问题。资源平衡是在初始调度过程中普遍使用的一种技术，通过该技术，项目经理不仅可以根据一项工作活动来进行资源利用的调整，还可以考虑项目特定时期内的多项工作活动。项目经理可以调整资源的利用情况，使每天的工作时间和每天每项工作活动所需的资源数量保持平衡。

资源平衡在资源受限的情况下可以发挥最大的优势。可能的情况有：关键资源仅在特定时间或特定数量内可用；紧俏资源被过度分配；先前计划的人力资源可能不具备所需的技能，因此要么增加其他资源，要么从其他项目中获取技能资源。对于所有类型（大型或小型，简单或复杂）的项目的项目经理而言，这些问题可能都是典型且常见的。

资源平衡还可以用作工作活动的控制工具，在这些活动中，资源已更改并且需要重新平衡以解决资源过度分配的问题。如第8章"进度计划制订"中所述，有两种调整平衡的方式：如果存在时间限制，则增加更多的资源；如果存在资源限制，则延长工期。图 12-3 和图 12-4 显示了延长工期时如何平衡资源受限的活动。

电气工程师资源可用性的变化

资源	1	2	3	4	5	6	7	8	9	10	11	12	13	14	15	16	17
A. 开发需求	RE EE	RS EE	RS EE														
B. 设计壳体组件				ME	ME	ME	ME	ME									
C. 设计配件 A				EE	EE	EE	EE										
D. 设计配件 B				EE	EE	EE	EE	EE	EE	EE	EE						
E. 设计配件 C				EE	EE	EE	EE	EE	EE	EE	EE						
F. 装配与调试 B 和 C												AS EE	TT				
G. 最终装配														AS EE	AS		
H. 最终调试																TT EE	TT
可用资源： RS=1 EE=2 ME=1 TT=1 AS=1	RS 8 EE 8	RS 8 EE 8	RS 8 EE8	ME 8 EE 24	ME 8 EE 24	ME 8 EE 24	ME 8 EE 24	ME 8 EE 24	ME 8 EE 16	ME 8 EE 16	EE 16	AS 8 EE 8	TT 8	AS 8 EE 8	AS 8	TT 8 EE 8	TT 8

图 12 - 3 资源受限的活动

平衡后的资源需求

资源	1	2	3	4	5	6	7	8	9	10	11	12	13	14	15	16	17	18	19
A. 开发需求	RS EE	RS EE	RS EE																
B. 设计壳体组件				ME	ME	ME	ME	ME											
C. 设计配件 A				EE	EE														
D. 设计配件 B						EE	EE	EE	EE	EE	EE	EE	EE						
E. 设计配件 C						EE	EE	EE	EE	EE	EE	EE	EE						
F. 装配与调试 B 和 C														AS EE	TT				
G. 最终装配																AS EE	AS		
H. 最终调试																		TT EE	TT
可用资源： RS=1 EE=2 ME=1 TT=1 AS=1	RS 8 EE 8	RS 8 EE 8	RS 8 EE 8	ME 8 EE 16	ME 8 EE 16	ME 8 EE 16	ME 8 EE 16	ME 8 EE 16	EE 16	EE 16	EE 16	EE 16	EE 16	AS 8 EE 8	TT 8	AS 8 EE 8	AS 8	TT 8 EE 8	TT 8 EE 8

图 12－4　通过增加工期来获得资源平衡

进度赶工

如果无法进行资源平衡或平滑，那么要选择控制进度的另一种形式：通过增加资源分配来缩短工期。这称为进度赶工。通过使用进度赶工技术，项目经理可以简单增加工作活动上特定资源的数量以改善活动时间的限制，但是这样做通常会增加项目成本。该技术的关键特征是选择成本最低的资源，该资源可以最大限度地缩短工期。第8章中有关赶工的具体例子显示了在活动超出预算并且将要失去控制的时候，该如何利用预算来缩短工期。

这一方法作为控制技术特别有效，因为如果活动受时间限制，通过增加成本、添加资源来完成工作活动任务，就可以大大缩短工期。在没有其他控制项目进度的方法时，只能选择进度赶工，但这个方法通常会增加预算。

快速追踪

如果已知一系列活动的工期太长，需要缩短时间才能保证进度，那么可以通过快速追踪的方法缩短特定工作活动的路径，从而缩短工期。快速追踪将工作活动从串行连接（见图12-5）转移到并行执行，可用于压缩网络路径的总体时间。项目经理需要检查相邻工作活动的前置/后继关系和依赖关系，以确定是否可以并行执行两个活动。这是缩短特定路径工期的绝佳方法，且不会增加预算。快速追踪的示例如图12-6所示。

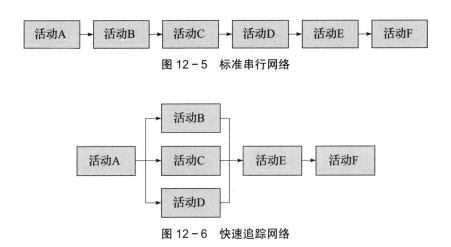

图 12 - 5　标准串行网络

图 12 - 6　快速追踪网络

成本控制

三重限制因素的第二个因素与控制工作活动的成本有关。对于项目经理而言，控制成本可能会困难得多，因为可能会有几个人或几个部门参与项目活动的成本要素。材料采购以及可能的外部资源承包也可以影响工作活动的实际成本。项目预算主要是根据已收集的估算、已签订的合同或基于历史成本的信息来制订的，这些详细信息都将在项目开始时被收集并形成文件。根据项目生命周期的长短，它们可以随着时间的推移改变估算的准确性。唯一真实的估算是合同中签署的估算，或者是基于卖方或供应商的官方报价的估算，这两者在相应的规定时间范围是有效的。有成本约束的物品通常在项目开始时进行设计，确保这些成本在项目中不会变化。

项目经理还必须意识到，采购部门的人可能会引入一些组织过程，这些过程在进行初始估算时并未被考虑在内，但可能会影响一些必要物品的实际价格。其他的控制领域可能包括负责购买物品的个人，因此必须明确告诉他们实际费用应限制在什么范围内，以保证实际活动不超出预算。如果正在追踪人工工时，并且项目将工时纳入了工作活动成本的基准，则项目经理需要监督或控制正在执行的工作量，以免超出预算；这也可能会带来更多的劳动问题，影响工作活动中实际完成的工作。

项目经理必须知晓可能影响工作成本的所有因素。他必须对它们进行监管，确保不会真的产生问题，且不必实施控制措施。在某些情况下，项目经理可以某种控制形式在采购和支出之前对其进行审查，确保实际成本与这些物品的预算一致或低于预算。项目经理也有责任监督项目产生的所有费用，并审查为工作活动的采购和支出收集的信息，用来评估是否需要控制。

成本控制的数据

最初，项目经理或项目人员应审查在监管工作活动期间收集和分析的信息，确定是否需要成本控制。如果要根据供应商的报价购买固定成本的物品，并且已签订合同确定了资源、材料或服务的固定价格，则相对于其他要变更的活动来说，这些活动不一定需要太多控制。但即便如此，也要对它们进行监督，确保协议条款得到履行。在其他情况下，如果已经确定了材料或资源的采购并且仅得出了估算的数据，则实际价格可能会产生一些波动；这就需要采取控制手段，确保采购不超出预算。大部分信息都可以在成本的工作活动要求中找到，因为这是原始估算的来源，并记录了商定的固定价格或简单估算值。

项目经理或工作人员还可以通过会计部门来获取其他信息以进行成本控制。会计部门一定会记录组织中每个项目的所有支出。如果对采购是否在预算之内有疑问，可以在会计部门核查相关信息。如果项目中的某些工作活动或领域超出预算，项目经理也可以从会计部门找到更精确的细节，以了解需要进行哪些控制。采购部门可以告知项目经理哪些采购可能存在成本波动，然后项目经理利用一些限制因素引导采购保持在预算范围内。

项目经理还可以使用历史信息来查找已在其他项目中购买的物品，并且了解是否需要基于先前的购买来实施控制。征求主题专家和其他熟悉特定工作活动的人员的建议也可能会得到有关需要采购的特定物品的详细信息，这有助于了解是否需要进行控制。

采购

采购部门的主要任务是监督和执行组织要求的所有采购。因此，采购部门可能已经建立了有关收集、记录和利用信息进行采购的流程。尽管采购部门一般不作为项目的一部分，但它要在项目生命周期内执行许多功能，并获取资源和材料来实现项目目标。项目经理必须了解采购控制的重要性，因为这是控制预算的主要领域之一。前文讲到，有些确定要购买的东西有固定的报价或合同中列出的固定价格，这些报价或合同价格与基准预算中记录的估算结果差不多。这些是最理想的采购方案，因为采购已经委托给供应商，并且购买时不会超出预算。

在工作活动要求内确定的其他采购可以是通过各种方式得出的估算，其可靠性和准确性各不相同。项目经理需要注意控制这些采购，因为它们很有可能与预算基准有所差异。在进行采购之前，项目经理必须与采购部门沟通，确保所采购的物品符合工作活动的要求。如果项目经理可以在实际采购之前了解其特性和功能，则可以实施控制。这里的关键是监管何时计划采购需求以及项目经理在制定采购需求之前先行采取行动以验证将要采购的物品。

项目经理还必须意识到，为一项工作活动收集的原始估算仅包括必需品的成本。因此，这个成本可能并不包括税金、运费、加急费或采购中产生的任何其他费用。在这里，项目经理可以确认物品的估算成本与采购部门提议执行的非常吻合，但不能保证这些成本不会超出预算。（详细信息请参见第 9 章 "成本估算"。）在项目中进行成本控制的另一种形式是，确保采购物品所需的所有成本都包含在估算值中，以便采购该物品时，总成本也在预算当中。

合同

当需要根据合同进行资源采购时，项目经理也需要注意控制成本。合同是提供产品或服务的一方与购买产品或服务的一方直接具有法律约束力的协议。尽管听起来很简单，但是不同类型的合同可能会对产品或服务的总成本产生不同的影响，进而可能对项目和组织产生影响。谈判合同中最重要的是双方的利益与风险之间的平衡，以及双方在调整该平衡以建立协议时愿意提供或放弃的内容。

由于很多专门针对项目合同的文献对合同的类型进行了详细说明，因此，我们将重点放在项目管理中典型的三种具有不同风险程度的合同上。下列合同的分类标准不是其结构或使用方式，而是项目经理期望运用控制以确保使用合同时成本保持在预算之内的方式：

固定价格合同——在固定价格合同中，产品或服务以商定的固定价格生产和交付。这种情况下，供应商承担了更大的风险，因为他们承诺交付产品或服务，而不管其生产该交付产品的成本如何。这类产品或服务的接收者的风险较低，因为他们以商定的价格购买交付品，没有提价的风险。这类合同几乎不需要控制，因为该商定的价格在初始工作活动要求中列出，并记录在项目基准内。合同签订后，商定的固定价格应符合项目基准内的期望。

固定价格加激励费合同——固定价格加激励费合同与固定价格合同类似，也在合同中规定了商定的产品或服务及其固定价格。但是增加激励条款可以将风险的平衡转移回供应商，因为在这类合同中，如果满足了激励条件，供应商会获得更多的利润。例如，供应商提前于计划交付产品或服务，就会获得额外奖励。供应商仍然必须生产产品或服务，但如果提前交付，利润会增加，这将使交付品的供应商和接收方都从中受益。由于固定价格和激励措施都可以很好地记录在初始的工作活动估算中，项目经理可以将激励措施纳入项目基准预算中，以作为提前完成的缓冲或应急费用，这类合同也不需要控制。

时间和材料合同——时间和材料合同对供应商有利，因为合同中规定根据提供产品或服务所花费的时间以及商定的可交付成果所需的材料开具的发票支付金额。这将风险的平衡转移给了接收方或客户，因为供应商没有动力在更短的时间内完成交付，而更长的交付时间也补偿了材料成本。这种类型的合同需要项目经理的监管，因为承包商可能倾向于花费更长的时间来完成生产可交付成果的工作活动，以增加这类特定合同的收入。项目经理必须知道，这类合同可能需要进行控制以限制用于完成商定的可交付成果的时间和材料，以免超出进度或预算。

质量控制

控制的第三个主要方面是项目可交付成果本身的质量。工作活动的目标显示，每项工作活动都会生成一个有文档记录的可交付成果。文档显示了将使用哪些材料、生产可交付成果应花费的时间，以及根据该工作活动可交付成果的要求设计的预期特性和功能。可交付成果的生产方式可以通过其质量来定义。质量是客户对可交付成果的期望，通常用两个术语来定义：

预期功能——预期功能是指生产满足客户要求的所有初始设计的特征和功能的可交付成果。当根据原始规格、图纸或表示功能意图的书面文件对交付物进行评估时，质量标准是满足或超出客户的期望。如果组织与客户直接的讨论和谈判已经确定了项目的可交付成果，应在项目开始时就明确所需的质量特征。这个过程的细节越多，理解和控制工作活动以生产满足客户期望的可交付成果的能力就越强。

材料和工艺标准——材料和工艺标准指的是材料的类型以及生产可交付成果所使用的人力资源、机器或设备的专业水平。这个标准与功能有所差别，因为有可能可交付成果可以满足所有功能期望，但其材料和工艺并不符合客户期望。也有可能可交付成果满足了预期的所有功能，所用的材料也满足客户的期望，但客户对人力资源或设备资源并不满意。必须在特定材料和客户可接受的工艺标准形式的工作活动要求中定义这种质量标准。项目经理需要监管这些标准，收集和分析信息，以确定工作活动是否满足客户期望。

质量检测

根据组织的类型和结构的不同，以及组织中生产可交付成果和项目的不同，可以设计各种形式的检测方式来检查或量化工作活动的可交付成果。如果组织内正在生产可交付成果，则可以将质量检查作为控制功能，在确定交付未满足质量期望时停止可交付产品的进一步生产。根据可交付的工作活动的规模和复杂性不同，这些可以称为质量检查门或重要节点。

项目经理可以使用某种形式的质量检测方式来确定工作活动是否有潜力满足客户期望。这种方式可以提供监管功能和控制功能：

在监管功能中，可以在质量检测期间进行信息收集和分析；在控制功能中，如果确定工作未达到质量期望，则可以中止工作活动的进度。对于项目经理而言，质量检测是非常有价值的控制工具，可以分配给对工作活动知识丰富且熟练，并清楚了解客户期望的人员，他们可以进行质量检测，并在需要时启动控制。

管理检测

管理检测与质量检测类似，是根据地方、州或联邦政府机构的要求，结合已颁发的许可证或根据可交付成果的具体特性的要求来进行控制。建造建筑物是管理检测的一个例子。计划概述了有关建筑物的构造、使用的材料以及所需特定过程中的所有具体特征。政府监管机构评估并批准这些计划后，将签发许可证以开始施工。许可证中需要设置停止点或检测日期，检测完成后项目才能继续进行。要确保完成的工作活动满足批准的许可文件中列出的要求。检测完成并批准工作后，即可开始下一阶段的工作活动。这些检测为项目提供了由外部机构设计和管理的控制措施，以监督工作活动的控制。

设计审查

对于利用工程资源或开发类型资源的组织而言，组织中的项目可以在原型的生产过程中设置设计审查和停止点。这些类型的项目可交付成果被分为几个主要阶段，并配有节点或停止点，工程人员、主题专家和管理人员可以借此评估工作活动的进度。设计审查是控制的又一种形式，要收集和分析有关工作活动绩效的信息，但是在对分析进行检查时要暂停工作活动，然后确定是否必须进行变更或是否可以按计划继续工作。暂停工作活动进行分析是设计审查的实际控制组成部分。

项目经理可以将设计审查内置到工作分解结构中，定期停止工作进度来进行定期审查。项目经理还可以向客户提供设计审查过程，确定是否需要变更下一个工作活动或依然按照项目计划中的设计开始工作。设计审查是一种非常有效的控制形式，因为它不会创建整个项目的可交付成果。在项目结束阶段，没有变更客户的需求，也不必对可交付成果进行重大变更。通过设计审查，客户可以评估项目开发中的较小步骤，通过变更控制过程进行较小的变更；这些步骤可以很好地记录在案，甚至被包含在项目基准中。设计审查不仅可以控制工作活动，而且可以考虑客户的要求和不断变化的需求，因而是一种极好的控制形式。

控制结果

正确的控制会带来工作活动绩效的监管和评估，可以让工作活动绩效受变更控制过程影响或更改，并在更改后根据预期进度、成本或质量基准执行。尽管最终结果只是对工作绩效特征的纠正，但是正如第 11 章提到的监管领域和可用于实施变更的工具和技术那样，想要正确控制绩效，还有很多工作要做。项目经理和项目人员必须了解所涉及的步骤，监管、收集和分析信息的工具和技术，根本原因分析的结论，以及实施变更控制过程以改变性能的控制技术。如果正确执行了监管和控制过程，项目经理就可以对项目进行真正的控制，并依照项目基准对工作活动进行管理。

报告控制

管理工作活动还涉及报告工作活动的状态以及工作活动绩效的任何变更或变更结果。因为项目经理可以通过监管过程收集和分析信息，以得出有关工作绩效和所需行动的结论，所以其他管理层和执行人员需要项目经理提供有关项目状态和工作活动的信息。在某些情况下，他们可能需要此信息来问责，以确保项目按计划进行并符合预算，但在其他情况下，报告中可能只是描述工作活动的绩效。

尽管项目经理通常会向职能经理、项目群主管或其他管理人员报告工作，但其首要任务是了解需要报告的信息类型、向谁报告以及需要什么级别的详细信息。高管通常不希望看到太多细节，但他们想要真实准确地描述项目状态，以便可以评估组织的总体业务计划和目标。而其他职能经理、项目人员、质量和工程部门以及会计人员可能希望对特定工作活动进行更详细的评估，因为他们对项目的进度以及活动在预算和进度计划中的确切位置感兴趣。另外，在报告中讨论当前存在的问题和潜在风险的应急计划也十分符合团队的利益。总的来说，项目经理必须了解报告的受众，知道他们需要什么信息以及所需信息的详细程度。

项目经理应始终记录项目中发生的一切，包括工作活动中的问题、变更控制过程的结果以及完成项目可交付成果时所采取的总体策略。可以将这些有价值的信息存档并用于将来的项目，比如，可以用于项目管理计划的制订、吸取的经验教训和/或作为成功项目的历史数据。在一些设有项目管理办公室的组织中，应将收集自项目的数据和信息以标准化形式存档，以供其他项目经理使用。

管理变更控制

正如本章所述，项目经理需要了解变更控制过程如何控制项目工作活动绩效。由于变更控制过程本身代表了一种管理项目内变更过程的有组织的方式，因此项目经理应使用这个过程来有效地管理控制。如果可以在一个有组织的和受控的过程中精心设计、实施、评估和验证变更，那么变更控制过程会起到非常好的效果。控制过程的主要组成部分之一就是偶尔需要进行变更以增强或改善工作活动的绩效，但前提条件是仅应在组织良好的环境（如变更控制过程）中进行。

预测更新

有关变更控制结果的信息的另一个重要用途是更新进度和对预算的预测，这些预测需要传达给需要此信息的人。因为项目中最重要的工作是监管工作活动的绩效以确保其保持在当前的预测（基准）上，所以如果实施变更控制，则项目经理必须对预测进行调整，并通知其他部门、项目人员、采购和组织外部的其他人，在项目生命周期中发生了可能影响工作活动或其他工作包的变化。

在项目开始时，预测代表进度计划中初始计划的内容、预算以及实现项目目标的可交付成果的预期质量。随着项目的开展和工作活动的完成，必须进行的变更要记录在预测中，并传达给所有需要预测并了解变更内容的人。项目经理不仅负责维护项目管理计划（包括进度、预算和对在监管过程中收集到的信息的分析），还负责管理变更控制过程以适当地记录和传达变更的影响（包括预测的更新）。

项目管理计划更新

项目经理负责制订项目管理计划并记录变更，以使项目管理计划与实际的工作活动特征或参数保持一致。项目经理还必须更新项目管理计划中的进度和预算，以反映变更对计划的影响。项目管理计划也是项目经理在项目生命周期中使用的所有其他子计划的主要汇编，代表了记录实际绩效的信息预测。

组织过程更新

如果为控制项目工作活动，变更控制过程将导致修改原有的组织过程，那么项目经理应该确定是否需要对该过程进行永久性更改，或者是否需要临时更改具体的工作活动要求才能满足项目要求。如果组织过程要用于项目工作活动，则项目经理必须理解该过程，并按其设计进行，确保该过程和用户不会导致项目的失败。这一点非常重要。如果由于对工作活动参数有特定的唯一要求因而必须对过程进行修改，则应将修改记录为临时性的。如果通过根本原因分析确定该过程本身是设计错误，则需要对过程进行更正和更新。

这类更新可能涉及其他需要批准此类更改的部门或个人。对于项目经理来说，项目是生产可交付成果的临时性工作，但标准组织过程通常不具临时性或独特性。因此，项目经理对项目工作活动的组织过程进行永久性变更时要十分谨慎。

■ 思考与讨论

1. 解释为什么变更控制是一个过程。

2. 讨论如何使用关键链方法控制项目。

3. 谈谈进度赶工的工作方式。

4. 讨论如何利用合同来实现成本控制。

5. 管理检测是不是质量控制的一部分？为什么？

6. 讨论为什么需要更新项目预测。

■ 应用练习

案例研究：彭塔建筑公司（见第 11 章）

案例研究练习

1. 确定可以在该项目上使用的最有效的进度计划、成本和质量控制工具。列出一项工作活动以及可以控制该活动的工具。

2. 能否在该项目中采用关键链方法？如果可以，项目的哪部分可以使用？

3. 能否在此项目上使用进度快速追踪的方法？请说明理由。

4. 该项目是否需要任何质量控制检测或管理检测？

图书在版编目（CIP）数据

项目管控：完美掌控成本和进度 /（美）兰德尔·
威尔逊著；郗悦译. -- 北京：中国人民大学出版社，
2021.5

ISBN 978-7-300-28900-7

Ⅰ. ①项… Ⅱ. ①兰… ②郗… Ⅲ. ①项目管理
Ⅳ. ① F224.5

中国版本图书馆 CIP 数据核字（2021）第 025648 号

项目管控——完美掌控成本和进度

［美］兰德尔·威尔逊　著

郗悦　译

Xiangmu Guankong——Wanmei Zhangkong Chengben he Jindu

出版发行	中国人民大学出版社			
社　　址	北京中关村大街 31 号	**邮政编码**	100080	
电　　话	010-62511242（总编室）	010-62511770（质管部）		
	010-82501766（邮购部）	010-62514148（门市部）		
	010-62515195（发行公司）	010-62515275（盗版举报）		
网　　址	http://www.crup.com.cn			
经　　销	新华书店			
印　　刷	天津中印联印务有限公司			
规　　格	165mm×230mm　16 开本	**版　　次**	2021 年 5 月第 1 版	
印　　张	21	**印　　次**	2021 年 5 月第 1 次印刷	
字　　数	205 000	**定　　价**	59.00 元